本书受中南财经政法大学出版基金资助

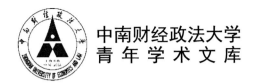

中南财经政法大学
青年学术文库

多源异构信息融合的跨媒体智能话题检测与跟踪研究

张承德　著

WUHAN UNIVERSITY PRESS
武汉大学出版社

图书在版编目(CIP)数据

多源异构信息融合的跨媒体智能话题检测与跟踪研究/张承德
著.—武汉：武汉大学出版社,2022.12
中南财经政法大学青年学术文库
ISBN 978-7-307-23443-7

Ⅰ.多…　Ⅱ.张…　Ⅲ.互联网络—舆论—研究　Ⅳ.G206.2

中国版本图书馆 CIP 数据核字(2022)第 226492 号

责任编辑:陈　红　　　责任校对:汪欣怡　　　版式设计:韩闻锦

出版发行: **武汉大学出版社**　　(430072　武昌　珞珈山)
　　　　　　(电子邮箱:cbs22@ whu.edu.cn　网址:www.wdp.com.cn)
印刷:武汉邮科印务有限公司
开本:720×1000　1/16　印张:11.25　字数:184 千字　插页:1
版次:2022 年 12 月第 1 版　　2022 年 12 月第 1 次印刷
ISBN 978-7-307-23443-7　　定价:48.00 元

前　言

感谢国家社会科学基金一般项目"基于短视频跨媒体多模态融合的重大突发事件国际舆论引导机制研究(项目编号：22BXW081)"、教育部人文社会科学研究青年基金项目"多源异构信息融合的跨媒体智能话题检测与跟踪研究(项目号：20YJC860040)"、2020年度武汉市科技局应用基础前沿项目"基于网络短视频的跨媒体智能突发事件挖掘研究(项目编号：2020010601012183)"以及中南财经政法大学出版基金，对本课题及本书出版的支持与赞助，本书是上述项目的研究成果。

第五代移动通信技术(简称5G)，下载速度是4G的100倍，峰值可达10Gb/s，延迟在毫秒级别，拥有每小时500km以上的移动性，以及每平方公里100万的连接数密度和10Tb的流量密度。在网络社会中，智能终端的普及使所有人和物都相互连接实现"万物互联"，内容视频化势不可挡，网络视频将因信息量大、直观、操作便捷等优势超越文字和图片成为新媒体信息传播的主要方式。目前，我国媒体融合度低，距离深度融合还有一定差距，如何通过媒体深度融合促进中国媒体产业变革，值得深入研究。

本书内容以跨媒体热点话题检测与跟踪面临的多源异构信息融合问题为主线，研究跨媒体智能话题检测与跟踪方法并进行系统梳理与总结。

本书共分为六章。第一章绪论。首先，简单介绍多源异构信息融合的跨媒体话题检测与跟踪的研究背景、目的和意义；其次，介绍本书所涉及的相关概念，如：5G、社交网络、搜索引擎、大数据和大数据获取技术等；再次，系统梳理国内外相关领域研究现状，如：话题检测与跟踪、深度学习、注意力机制、推荐系统和异构信息网络等；最后，介绍本书主要内容和组织结构。

第二章基于深度学习的跨媒体热点话题检测与跟踪研究。首先，介绍深度学习基础知识，包括深度学习概念和深度学习网络；其次，研究基于图像内容深度理解的跨媒体热点话题检测与跟踪，提出一种新的图像和短文本相融合的热点话题检测框架，并在海量数据上进行相关实验和分析；再次，提出一种文本与视觉相结合的新的色情视频检测的方法，并通过实验验证所提出新方法的有效性；最后，总结本章主要内容。

第三章多源异构信息融合中的注意力机制研究。首先，剖析注意力机制，并介绍注意力常用模型和自注意力机制；其次，梳理注意力机制在多源异构信息中可能的应用并分析其应用场景，包括：场景文字识别中的注意力、图片描述中注意力机制和视频场景识别中的注意力机制；再次，分析注意力机制的未来发展和模型的应用前景，并梳理注意力机制在本领域未来可能的重点研究方向；最后，总结本章主要内容。

第四章多源信息融合的跨媒体智能推理研究。首先，介绍推理出现的背景和基本概念，以及推理面临的问题与挑战；其次，系统梳理基于多源信息融合的跨媒体智能事件挖掘，主要从视频字幕、视觉-文本和语音识别三个方面展开；再次，展望跨媒体智能未来发展趋势；最后，总结本章主要内容。

第五章异构信息融合的网络视频事件挖掘研究。首先，系统梳理同构及异构信息网络基础知识，介绍同构信息网络和异构信息网络相关概念，并系统梳理代表性算法和模型；其次，提出一种基于异构信息的融合为不准确视觉相似性检测信息和稀疏文本信息的网络视频事件挖掘协同优化框架，介绍新提出的理论和框架，并通过海量网络视频进行相关理论推导和实验分析，验证新提出框架的有效性；再次，提出一种基于跨媒体多种语义路径嵌入的关联丰富的网络视频事件挖掘方法，面向事件挖掘的多种语义路径关联丰富问题进行系统分析和梳理解决方法，并通过海量网络视频进行理论验证和实验分析；最后，总结本章主要内容。

第六章结论与展望。首先，总结分析本书支撑论文情况，并介绍相关成果主要研究内容和主要观点；然后，梳理该领域未来可能涉及的内容以及本领域所面临的问题与挑战，展望未来可能的发展方向和研究思路。

随着5G时代到来，以网络视频为代表的新媒体强势崛起，传统媒体面临巨大挑战，媒体融合是5G赋予传统媒体的时代使命。目前还没有相关书籍系统分析和梳理多源异构信息融合的跨媒体智能话题检测与跟踪研究，本书基于多年取得的研究成果，力求将复杂问题简单化，以图文并茂的方式将艰涩理论通俗化，使得本书更加易读、易懂、易学。在选材方面，以全面、基础、典型、新颖为原则，按自学教程的性质和水准确定各章节理论和实验的内容和深度。

　　本研究课题已成为社会工作、公共管理、多媒体技术、信息检索等多学科交叉的热门研究课题，本研究做了大量的学术探索，为进一步研究奠定了坚实的理论基础。

目　　录

第一章　绪　　论

第一节　研究背景及意义

最近几年，随着社交网络和5G技术的快速发展，互联网上的海量信息以指数级增长。这些信息已成为人们生活的重要组成部分。如抖音视频、微博、知乎、小红书、微信等不同类型数据的快速增长提供了丰富的跨媒体信息。

目前对于同质信息网络的研究已经比较成熟，但基于多源异构信息网络的复杂性，异质网络的发展还面临着许多问题与挑战。

(1)异构网络挖掘的主要挑战在于元路径的设计，现有研究中很多方法采用人工选取元路径的方式。通常，要解决输入网络的特定图问题，必须手动定制特定任务和数据的元路径，如HERec[1]中，学者的目标是提高推荐性能，主要的重点是学习用户和项目的有效表示，因此，其只选择以用户类型或项目类型开头和结尾的元路径。元路径的选择需要相关领域的知识和经验。对于不熟悉的领域或很复杂的网络，很难通过人工选取所需要的元路径集合；此外，元路径并不是越长越好，元路径长度的增加使得路径的搜索及计算过程非常复杂，可能带来不好的实验效果。目前有学者采用自动生成元路径和不利用元路径进行数据挖掘的算法，KnowSim算法[2]是基于子图自动生成元路径；此外，一些算法采用以关系为主导的方式进行数据挖掘。

(2)数据的指数级增长，以及实际网络中数据动态变化、模式丰富等特性要求异质网络的分析方法能够面向复杂丰富的异质网络。如在京东网络中，京东会不断上线新店铺、新商品，也会增加新的用户，这就意味着有不同的新店铺、商品、用户等节点产生，他们之间有复杂的关系，如用户和商品之间有收藏、购买、评论等多种关系；并且，每当遇到双十一、618等大促活动时其要求算法的实时性较高，因此需要有面向快速计算的异质网络分析方法。

（3）数据的形式及来源多种多样，面对多模态和跨平台数据，其对异质网络能够建模融合多源辅助数据带来更大的挑战。出于相同的需求人们可能会跨多个平台满足此需求，如在满足购物需求时，人们通常会使用多种购物平台：淘宝、京东、拼多多、亚马逊等，即在现实世界的网络中，同一个用户也可能会产生多个购物异质网络，这就需要进行融合分析；在满足社交需求时也会使用多种社交平台：微信、微博、QQ等，即在现实世界网络中，同一个用户也会产生不同的社交网络。这些网络不仅跨平台（来源不同），其包含的数据也具有多种模态，如视频、音频、图片、文字等不同形式的数据。因此，面向融合多源辅助数据和跨平台数据，其给异质网络的建模与计算带来了巨大的挑战。

此外，从2006年深度学习概念的提出，到如今已经经过了十多年时间，深度学习得到了飞速的发展，取得了惊人的效果。然而在深度学习如火如荼发展的进程中，也存在着许多困难与挑战。常见的挑战如：对于事物间抽象的关系，人类仅通过简单的定义就能学会，但深度学习系统却需要大量的数据训练，有的甚至需要几十亿训练样例的训练，才能达到期望的效果。可见深度学习系统的训练依赖于大规模训练数据集，在学习复杂规则时其效率比人类要低得多；训练好的深度学习系统其实也没有那么智能，对学习到的抽象概念理解很肤浅，迁移能力有限[3]。当我们提供稍加改动训练的场景后，深度学习系统便无法应对；深度学习系统学习到的是输出和输入之间的联系，但很难学到它们之间具体的关系。例如一个深度学习系统很容易找出：学生的计算能力和英语水平是相互关联的，但却并不能掌握计算能力和英语水平之间的因果关系。而人类很容易知道计算能力强并不意味着英语水平高，英语水平高也并不会提升计算能力；深度学习系统很难稳健地实现工程化，与传统的程序控制系统相比机器学习系统更难调整，透明度更低，在执行过程中渐进性也不强。因此很难保证其在一个新的环境下有效工作；在深度学习领域我们面临着许多问题与挑战，任重而道远。

至今为止，不论是从信息的数量，还是从观点的数量上来看，互联网都成功压倒广播、报纸以及电视等传统媒体，日益成为引导社会舆论发生以及发展的重要媒介。然而，海量跨媒体信息中有效聚类敏感的热点事件，对管理部门日后分析和提取舆情信息，甚至跟踪与监控这些信息都将显得非常重要。本书通过将互联网中多源异构信息融合进行事件挖掘，例如：利用互联网上的文本、图像以及视频等信息进行舆情监测并方便日后的重大事件跟踪，甚至为相关管理部门提供必要的参考信息，以便于相关部门及时全面地了解整个事件的发展动态，及时处理正在发生的突发事件，并快速应对复杂且多变的事件。

综上所述，面对巨大的市场需求，跨媒体智能话题检测与跟踪研究迫在眉睫，同时又面临着许多挑战。本课题的研究将有助于提高跨媒体智能话题检测与跟踪的实用价值，同时节省普通用户的大量时间，方便用户及时了解及掌握主要事件的发展脉络并对日后进一步的操作提供强有力的帮助和支持。

第二节　基本概念

一、5G

5G 作为第五代移动通信技术，是一种蜂窝移动通信技术，是通信系统继前四代通信技术的进一步发展。在 5G 网络中，运营商的业务覆盖范围由较大的区域划分为多个地理区域，这些小型的地理区域被称为蜂窝。移动设备把表示声音和图像等信息的模拟信号数字化，然后通过模数转换器转换为比特流的形式进行传输。所有 5G 无线设备通过无线电波与蜂窝中的本地天线阵和低功率自动收发器进行通信[4]。

在历史的技术变革中，通信系统已从第一代优化为第四代（见图 1-1）。第一代被称为"移动时代"，主要通过模拟通信系统进行语音通话来实现交流。然而，因为技术有限且成本较高，1G 并不能被大众所接受。第二代移动通信技术 2G 被称为"短信时代"，在这个时代，人们的交流不仅仅局限为打电话，还可以通过短信以文本形式进行交流，这就使得人们通过移动通信进行的信息传递具有延时性，不必立即响应。3G 和 4G 致力于为用户提供更大的系统容量和更高的 WLAN 接入速率。第三代 3G 通信技术时代也被称为"图像时代"，这个时代创造了无线通信和互联网多媒体通信技术的结合。人们的交流不仅仅是电话和短信，还包括网络信息的获取和交换。第四代 4G 通信技术，即目前被广泛使用的移动通信技术，其广泛流行的时期被称为"视频时代"。人们可以通过 4G 传输高质量和高分辨率的视频和图像，并且所有用户对无线网络的需求几乎都可以被满足。但与此同时 4G 也存在一些问题，如数据传输的延迟和卡顿等。

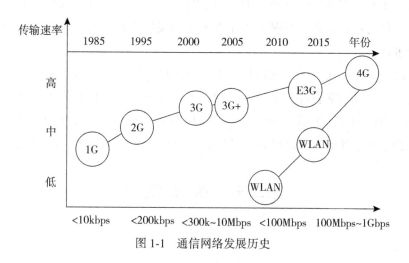

图 1-1　通信网络发展历史

5G 的发展源于移动数据需求的不断增长。互联网的发展和大数据时代的到来使得全球移动宽带用户数量不断增加，越来越多的电子设备连接到移动网络上，并且电子产品提供的新服务和新应用也如雨后春笋般层出不穷，这就导致数据传输量成倍增长。在此背景下，移动网络面临着严峻的挑战：目前移动网络的发展使得移动网络的容量难以支撑成倍的数据量的增长，网络能耗和成本同样难以承受；此外，为了实现提高网络容量这一必要且重要的目标，需要智能化高效利用网络资源；最后，在大数据时代的趋势下，未来的网络将不可避免地变得复杂，为了提高网络容量和提升用户体验，需要对每个网络进行有效的管理。

为了应对上述挑战，满足日益增长的移动通信需求，有必要开发新一代 5G 通信网络，使得未来 5G 网络不仅可以支持 8k 视频、视频直播、虚拟现实等应用服务，也可以支持远程驾驶、编队驾驶、远程手术等卫生安全场景。几乎零延迟以及高可靠的 5G 通信系统将在人类生产生活的方方面面各行各业扮演着重要的角色。

二、社交网络

社交网络即社交网络服务，源自英文 SNS（social network service）的翻译，中文译为社交网络服务，包括硬件、软件、服务及应用。由于四字构成的词组更符合中国人的构词习惯，因此人们习惯上用社交网络来代指 SNS。社交网络源自网络社交，互联网本质上就是计算机之间的联网，早期的 E-mail 解决了远程邮件传输的问题，至今它也是互联网上最普及的应用，同时它也是网络社交的起点。BBS 则更进了一步，把"群发"和"转发"常态化，理论上实现了向所有人发布信息并讨论话题的功能。在此新时代中，信息网络将会是未来社会的神经系统，而其对整个社会与个人生活的冲击，将远高于传统沟通设备所带来的影响。不管你认为 Internet 联结起来的是什么具体事物——电脑、资源，还是说 Internet 作为一种媒体，我们都不能忽视主体——人的存在。可以说，Internet 联结起来的是电脑，其中流动的是信息，开发出来的是资源，但吸引的是电脑前面的人。在本质上它是一种"人"的网络。

随着以互联网为基础的社交媒体的迅猛发展，作为真实世界反映与延伸的社交网络已经成为人们日常生活中密不可分的一部分。2004 年成立的脸谱 Facebook 注册用户已超过 10 亿，2006 年成立的推特 Twitter 注册用户已超过 5 亿，而新浪发布的较新数据显示它的微博用户已经达到 6 亿多。据中国互联网络信息中心发布的《中国互联网络发展状况统计报告》统计，截至 2023 年 6 月，我国网民规模达 10.79 亿人，互联网普及率达 76.4%；网络视频用户规模为 10.44 亿人，用户使用率达 96.8%。网络真正形成一个社会，而不仅仅是一种新媒体、新商务和新的交流方式。最大的特征就是个人成为互联网的主体，具体地说，未来每一个人，除了在现实生活中的自己，在网络上都有一个自己的代表，在网络上能够体现你的个性、你的思想、你的各种信息，同时也可以随时与你沟通交流，每一个人都成为互联网的一个"节点"。随着社交网络用户数量的增多，产生了很大的数据量，导致了大数据的产生。人作为社交网络的主体，积极参与到以互联网为基础的社交活动中，并在其中主导着整个社交网络的交互行为，直接影响着社交网络环境。社交媒体不仅包含人际交互行为信息，也包含用户发布的结构化或非结构化信息，这些海量的、不规则的、带噪的、隐性的社交媒体信息给社交网络用户分析带来严峻挑战。意见领袖挖掘以及用户情感极性分类作为社交网络用户分析领域最具代表性的话题，一直是研究学者重要的研究内容，在诸如市场细分、市场营销、舆情分析、用户推荐等诸多领域应用广泛。

三、搜索引擎

随着因特网的发展，网络信息检索变得越来越困难。有了爆炸性的信息量，普通的 Internet 用户想找到所需的信息，如同大海捞针。搜索引擎随之出现，并且搜索引擎已经与 Internet 的发展同步。

现代搜索引擎的始祖[5]是 Archie，它是由蒙特利尔大学的学生 Alam Emtage 于 1990 年发明的。尽管那时还没有出现万维网，但 Internet 上进行文件传输非常频繁，并且大量文件分散在各个地方。在分散的 FTP 主机中，查询非常不方便。因此，Alan Emtage 考虑开发一种可以查找文件的系统，因此有了 Archie。Archie 的工作原理非常接近当前的搜索引擎，它依赖脚本，自动在 Internet 上搜索文件。由于 Archie 在用户中非常受欢迎，受其启发，美国内华达大学系统计算服务小组在 1993 年开发了另一个与它非常相似的搜索工具，它可以搜索网页。

最早的现代搜索引擎出现在 1994 年。从华裔美国人杨致远等人的个人主页发展而来的主题指南拉开了互联网信息检索的序幕。他和他的同学共同创立了超级目录 yahoo，并获得了成功。从那时起，搜索引擎进入了快速发展时期。

原始搜索引擎向用户提供了一个搜索框，用户可以在搜索框中输入关键字以获取相关的内容答案，这使得复杂的搜索引擎技术退到幕后。它大大降低了用户的使用门槛，因此，仍然是各种网站、浏览器、应用程序和各种平台的标准配置。

但是，随着技术的不断发展，搜索引擎正在加速跳出搜索框，并朝着"无框"方向发展。正如百度先前对未来搜索形式的预测：随着人工智能技术的兴起，搜索将无处不在，无框、无边界和无限正成为搜索引擎的发展趋势。其中，语音搜索正成为这种发展趋势的典型代表，并且越来越多地被搜索引擎巨头视为搜索引擎未来发展的新方向。

四、大数据

大数据本质上是海量数据的集合。然而，由于通过处理工具进行分析整合后，能够从大量的数据中得到产业信息以帮助产业进行评估决策，因此，大数据也可以被视为海量的、多样化和高增长率的信息化资产[6]。大数据的产生原因以及之后的快速发展与社会信息化、相关科学技术飞速发展是密不可分的，智能化设备的普及使得具有经济价值的大量信息极易被采集，而传统的软件工具无法在给定的时间范围内管理和处理这些海量数据，大数据的关联分析和处理也很难依赖于传统的测量软件。同样，数据信息的相互转换、价值利用和信息挖掘也很难完成。因此大数据技术应运而生，其应用的主要目的是解决以下问题：如何快速收集数据，快速准确地分析并从海量数据中获取其潜在价值。

大数据时代的产生，是多种因素共同作用的结果，下面将从信息科技的进步、云计算技术的兴起以及数据资源化的趋势三个方面进行分析。

信息科技的进步。20世纪末21世纪初，互联网迎来了飞速发展的浪潮，技术的成熟和进步使得网络走入千家万户，越来越多的人能够接触网络和使用网络。随着智能化设备的普及，人们无形中被数字信息所包围，人们进行的网上操作也极易作为信息被捕捉和获取，而这些大量信息就是我们通常所说的大数据，这次信息的爆炸性增长可以称为大数据浪潮。由此可以看出，信息科技的进步使得人们几乎处于一个全民互联网的时代，而这使得采集人们的大量信息成为可能，同时物理存储设备的发展以及物联网的广泛应用，为大数据的存储提供了支持。

云计算技术的兴起。云计算是分布式计算的一种，其通过网络云能够实现大数据的处理和分析。云计算可以实现对分散数据集的集中，并且将集中得到的巨大数据集通过计算处理程序分解成无数个小程序，然后通过多部服务器组成的系统对这些分解得到的小程序进行处理和分析，并将分析结果返回给用户。通过这项技术，可以在很短的时间内完成对数以万计的数据的处理。云计算技术为大数据的处理分析提供了技术支持，使海量数据的经济生产价值得以挖掘和实现。

数据资源化的趋势。根据数据的产生来源，可以将大数据分为消费类和工业类。消费大数据是大众日常生活产生的数据，各大互联网公司通过捕获人们在互联网留下的印记，对其进行相关处理和分析并获得用户画像，依此进行产品方案和经营战略的调整，从而提高经济效益和获得最大利润。工业大数据则是传统产业公司进行生产活动而产生的数据。随着制造业的智能化发展和工业与互联网的深度整合与创新，获取处理分析大数据将成为各生产企业关注的重点，分析结果的应用也将成为制造业提高生产力、竞争力和创新力的关键因素[7]。

五、大数据获取

网络爬虫（crawler），又被称为网页蜘蛛（spider）、网络机器人（robot），是一种按照一定的规则，自动地抓取万维网信息的程序或者脚本[8]。特别是，随着大型数据的利用逐渐扩散到各种各样的领域，网络数据以每年几何级数的速度增加，网络爬虫的重要性越来越大[9]。目前，随着数据的需求量日益增多，根据用户需求定向抓取相关网页并分析已成为如今主流的爬取策略。爬虫的实质是模拟浏览器打开网页，获取网页中我们想要的那部分数据。

(一) 网络爬虫的特征和优势

网络爬虫是收集信息的基础，其最大的作用之一就是提高数据采集效率，开发人员可以通过网络爬虫技术从目标网站上获取自己想要得到的信息内容，然后对其进行分析处理。

优秀的网络爬虫都应该具备的特性：(1) 高性能；(2) 可扩展性；(3) 健壮性；(4) 友好性。

(二) 网络爬虫的基本流程及工作原理

1. 基本流程

(1) 前期准备：通过浏览器进入目标网页的开发者模式查看并分析目标网页。

(2) 网页获取：给目标网址发送请求，会得到该网址返回的整个网页的数据内容。在爬虫技术的实现上，Python 有许多与此相关的库可以使用。其中，在获取网页数据方面主要包括：Urllib2 (Urllib3)、Requests、Selenium 等。除了这些库之外，还可以使用 scrapy 框架进行网页获取。此外，对于获取网页数据，涉及的过程主要就是模拟浏览器向服务器发送请求，常见请求类型主要包括 get 请求和 post 请求。

(3) 网页解析：从网页服务器返回给我们的信息中提取我们想要的数据的过程。在浏览器中可以看到整个网站的页面，如果想要找的是电影的名称、演员、上映时间以及评分等内容，这些指定的内容就是想要得到的数据。在网页数据解析方面，包括的库有 lxml、beautifulsoup4、re、pyquery 等，网页解析的方式多种多样，需要解析的内容是 HTML 结构数据，可以使用 bs4 中 BeautifulSoup 解析，用正则表达式来解析，用 Xpath 路径选择器进行解析等。

(4) 保存数据：把想要得到的数据内容存储下来，可以存储到 excel 表格中、数据库中，也可以直接存储为本地文件，如 csv、json、txt 等。

2. 工作原理

根据网络爬虫的工作原理图 (见图 1-2)，简单介绍网络爬虫各个相关模块的作用。

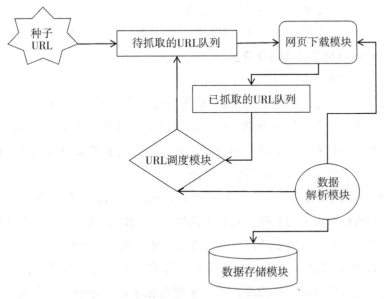

图 1-2 网络爬虫的工作原理图

（1）网页下载模块的功能主要就是对目标网页进行下载。网络上的数据丰富多样，因此对于不同的数据，则需要采用的下载方式也会不同，有的网页可以直接下载，有的需要进行模拟登录，才能下载，有的需要进行验证，然后才能下载。把用户想要得到的那些特定数据下载完成后，将下载之后的数据传递给下一个模块，即网页解析模块，同时将该 URL 地址加入已爬取的 URL 队列中。

（2）网页解析模块的作用是从已经爬取到的网页中将满足开发人员需求的信息内容提取出来进行解析，将要提取的 URL 地址传递给 URL 调度模块，网页解析的方式多种多样，可以使用 bs4 中 BeautifulSoup 解析、使用 Xpath 路径选择器进行解析、使用正则表达式进行解析、使用 CSS 选择器进行解析等。

（3）URL 调度模块的主要功能是接收网页解析模块传送过来的 URL 地址，随后将这些传送过来的 URL 地址与已爬取 URL 队列中的 URL 地址进行对比，如果该 URL 地址存在于已爬取 URL 队列中，就丢弃这些 URL 地址；如果不存在于已爬取 URL 队列中，就按系统采取的网页抓取策略将 URL 放入待爬取

URL 地址相应的位置。

（4）数据存储模块，根据开发人员的需求，将获取到的数据存入不同格式的文件夹中，如数据库、txt 文档、word 文档、pdf 文档或者 excel 文档。

除了以上各个模块外，还有主控模块以及数据清洗模块等。

（三）网页抓取的策略及分类

1. 网页抓取策略

（1）广度优先搜索策略。该策略是指一层一层地逐次进行搜索，完成一层的搜索后才进行下一层的搜索。该策略算法的设计与实现相对简单，这种策略的主要缺点是随着抓取网页的数量逐渐增多，会有很多没有用处的网页被下载、过滤，这会使得算法的效率降低。

（2）深度优先搜索策略。该策略指的是从起始网页开始，选择一个 URL 进入，分析该网页中的 URL，然后再选择一个 URL 进入。这样一个地址一个地址地抓取下去，直至处理完一条线路之后再去处理下一条路线。

（3）最佳优先搜索策略。此策略是指遵循某种网页分析算法，计算 URL 描述文本与目标网页的相似度，或与主题的相关性，并选择一个或几个具有最佳评估和最高爬取效率的 URL 进行抓取。该策略仅访问由网页分析算法预测为"有用"的网页，爬取路径上的许多相关网页可能会被忽略，因为最佳优先策略是一种局部最优搜索算法[10]。

2. 网络爬虫的分类

网络爬虫主要包括通用网络爬虫、聚焦网络爬虫、增量式网络爬虫和深层网络爬虫。

（1）通用网络爬虫（general purpose web crawler）。通用网络爬虫又称为全网爬虫（scalable web crawler），爬行目标数量巨大，是由一些种子 URL 开始逐步扩充到整个网络，其主要应用于门户网站站点搜索引擎和收集大型网络服务提供商的需求数据。通用 web 爬虫的特征在于非常大的爬行范围和数量，它对爬取性能、存储空间和爬取速度有很高的要求，但是爬取目标页面的次序要求相对较低，同时，需要刷新的页面数量相对较大，很多情况下，工作方法通常是并行的，但是更新页面需要一些时间。这种类型的网络爬虫具有很高的实用价值和应用价值，主要适合于为搜索引擎搜索广泛的主题[11]。

通用 web 爬虫的实现结构大致分为初始 URL 集合、URL 队列、页面爬行模块、页面分析模块、链接过滤模块、页面数据库等几个部分。通用网络爬虫为提高工作效率，会采取某些爬行策略。当前主流的爬行策略包括深度优先爬行策略和广度优先爬行策略[12]。

（2）聚焦网络爬虫（focused web crawler）。聚焦网络爬虫技术是指在抓取过程中，聚焦在用户感兴趣的信息概率较高的 URL。与通用网络爬虫相比，聚焦网络爬虫仅需要抓取与主题相关的某些页面，在很大程度上节省了硬件资源和网络资源。聚焦网络爬虫爬行策略的关键在于评估页面内容和链接的重要性，不同的方法可以计算出不同的重要性，因此会导致链接的访问顺序也会不同。

聚焦网络爬虫的爬行策略主要有基于内容评价的爬行策略、基于链接结构评价的爬行策略、基于增强学习的爬行策略和基于语境图的爬行策略。

（3）增量式网络爬虫（incremental web crawler）。增量式网络爬虫是对已访问并下载的网页进行增量更新，这种类型的爬虫仅对新生成的网页或者已更改的网页进行爬取。

为了减少数据下载量，增量式网络爬虫将仅在需要时爬行新生成或更新的页面，而不会重新下载未更改的页面，这种类型的爬虫可以及时更新已爬取的网页，以减小时间和空间上的消耗。

（4）深层网络爬虫（deep web crawler）。Web 页面根据存在的方式可以分为两种，一种是表层网页（surface web pages），另一种是深层网页（deep web pages，也称 invisible web pages 或 hidden web pages）。表层网页是指可以由传统搜索引擎直接索引而不需要任何表单提交和其他操作的页面，以及可以使用静态链接访问的静态网页。深层网页是指隐藏在表单后面的大多数内容，无法直接通过静态链接获得，在获取网页之前，必须提交某些关键字。

表单填写部分是深层网络爬虫在爬行过程中最重要部分，它包含两种基本类型：基于领域知识的表单填写和基于网页结构分析的表单填写。前者是建立用于填写表格的关键字数据库，并且在需要时使用语义分析选择适当的关键字来填写表格。通常在没有领域知识或仅有有限领域知识的情况下使用后者，此方法将分析网页结构并自动填写表单。

（四）网络爬虫的挑战

（1）结构不统一：网络是动态的，使用的数据结构一般都是不一致的，因为没有建立一个网站的通用规范。由于缺乏一致性，数据采集变得困难。当爬虫程序必须处理半结构化和非结构化数据时，就会出现很大的问题。

（2）规模和重复访问：网络的规模是无法衡量的。此外，需要在覆盖范围和保持搜索引擎数据库的新鲜度之间存在权衡。任何网络爬虫的目标都必须是确保自己的爬行路径覆盖所有合理的内容，避开低质量和无关的内容。

（3）多媒体爬虫：分析文本比较容易，但分析多媒体是一个开放的挑战。通过分析网页上的多媒体内容来检测犯罪活动是目前研究的热点之一。

（4）深层网络爬虫：网络的很大一部分隐藏在搜索界面和表单后面。这部分不能直接到达的网络包括隐藏网络或深层网络。通过查询数据库可以访问隐藏的网络，但是查询选择是另一个挑战[13]。

（五）反爬虫

随着爬虫的大量增加，不同种类的爬虫，技术含量也参差不齐，爬虫市场开始混乱、泛滥。在信息时代，我们如果综合各种反爬虫方法，可以很大程度上缓解爬虫对网站造成的负面影响，保证网站的正常访问[14]。

目前看来，有越来越多的大型网站或者 APP 对用户爬虫都有反爬的相关策略，之所以有反爬策略，是为了避免重要的内部信息泄露，导致经济上损失，或者避免非人为操作，导致爬虫操作过于频繁，造成服务器的崩溃。反爬虫的策略多种多样。

（1）设置验证码，这是最为经典的反爬虫策略。

应对方法：开发人员在模拟登录时需要从网页上提供的第三方链接中进一步抓取验证码。

（2）基于用户行为反爬虫，这是一种比较常见的反爬虫策略，当用户抓取数据信息频率过快时，IP 或者账号就会被检测出异常，以致 IP 或账号被封禁。

应对方法：①代理 IP 的使用。可以编写脚本以获取网上可用于抓取的代理 IP，然后在代理池中维护所获取的代理 IP，以供爬虫使用。②降低访问频度。每隔一个时间段请求一次或者请求若干次之后休息一段时间，这个间隔时间不需要特别长。

（3）Cookie 限制，这是一种比较普通的反爬虫策略，如果要在登录后获取特定页面的信息，有时需要请求一些中间页面来获取特定的 Cookie，然后才能获取所需的页面信息。

应对方法：在爬取和分析目标网站时，必须首先清除浏览器的 Cookie，然后在首次进行访问时，观察浏览器在完成访问的过程中的请求详细信息。在爬取完成对请求细节的分析之后，再在爬虫上模拟这一跳转过程，然后截取 Cookie 作为爬虫自身携带的 Cookie。

（4）通过 Headers 反爬虫，这是最常见的反爬虫策略。用户通过浏览器访问网站，因此当访问目标网站时，通常会在接收到时检查 Headers 中的 User-Agent 字段，如果不是带有正常 User-Agent 信息的请求，它将不允许执行访问。

应对方法：解决方案非常简单，直接将 Headers 添加到自己编写的爬虫代码中，然后将浏览器的 User-Agent 复制到爬虫的 Headers 中。

（5）动态页面的反爬虫，对于动态网页，用户需要爬取的数据是通过 Ajax 请求获得的，或者是通过 JavaScript 生成的。

应对方法：首先使用 Firebug 或者 HttpFox 分析网络请求。如果可以找到 Ajax 请求并能够分析出特定的参数和响应的具体含义，则可以使用上述方法直接使用 Requests 或者 Urllib2 模拟 Ajax 请求，并分析响应的 json 以获取所需的数据。

爬虫与反爬虫互相矛盾、相生相克。有爬虫就会有反爬虫，有了反爬虫，就会出现反反爬虫，爬虫与反爬虫之间会因为技术的不断发展而更新成长。

（六）网络爬虫实例

选择豆瓣电影作为爬虫实例。需求分析：爬取 https：//movie.douban.com/top250 网站上的基本信息，主要包括电影链接、宣传图链接、影片中文名、影片外文名、评分、评价数、概况以及导演、演员等相关信息（见图1-3）。

图 1-3　开发者模式（F12）

1. 准备工作

①URL 分析：整个页面包括 250 条电影数据，每页 25 条，共 10 页。每页 URL 的不同之处是最后的数值为(页数-1)×25：第二页：https：//movie. douban. com/top250？ start = 25；第五页：https：//movie. douban. com/top250？ start = 100。

②分析网页，找到想得到的数据对应的位置(见图 1-4)。

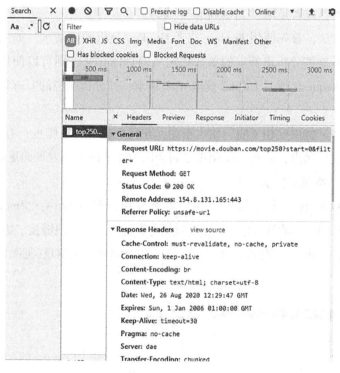

图 1-4　头部信息

③编码规范。一般 Python 程序第一行需要加入#- * -coding = utf-8- * -，这样就可以在代码中包含中文。Python 程序可以加入 main 函数用于测试程序：if _name_ = = "_main_":。Python 程序使用#添加注释。

④引入模块。

模块(module)：Python 程序使用 import 来引入模块(见图 1-5)，模块是用来从逻辑上组织 Python 代码(变量、函数、类)，其本质就是 Python 文件，可以提高代码的可维护性。

```python
from bs4 import BeautifulSoup    #网页解析，获取数据
import re    #正则表达式，进行文字匹配
import urllib.request,urllib.error    #制定URL，获取网页数据
import xlwt        #进行Excel操作
import sqlite3     #进行sqlite数据库操作
```

图 1-5 引入模块

2. 获取页面数据

对于每一个页面，调用 askURL 函数获取页面内容（见图 1-6），urllib. request. Request( ) 生成请求，urllib. request. urlopen( ) 发送请求获取响应，response. read( ) 获取页面内容。为了程序正常运行，在程序中添加 try... except... 语句进行异常捕获。

```python
#得到指定一个URL的网页内容
def askURL(url):
    head = {        #模拟浏览器头部信息，向豆瓣服务器发送消息
        "User-Agent": "Mozilla/5.0 (Windows NT 6.1; WOW64) AppleWebKit/537.36 (KHTML, like Gecko)
    }
            #用户代理，表示告诉豆瓣服务器，我们是什么类型的机器，浏览器（本质是告诉浏览器，我们可以接收什么水平的文件）

    request = urllib.request.Request(url,headers=head)
    html = ""
    try:
        response = urllib.request.urlopen(request)
        html = response.read().decode("utf-8")
        #print(html)
    except urllib.error.URLError as e :
        if hasattr(e,"code"):
            print(e,"code")
        if hasattr(e,"reason"):
            print(e,"reason")

    return html
```

图 1-6 askURL 函数

3. 网页解析

①对爬取的 HTML 页面进行解析（见图 1-7），使用 BeautifulSoup 定位特定的标签位置，使用正则表达式找到具体的内容。其中 html. parser 是一种页面解析器。

```
soup = BeautifulSoup(html, "html.parser")
for item in soup.find_all('div', class_="item"):    #查找符合要求的字符串, 形成列表
    #print(item) #测试: 查看电影item全部信息
    data = []   #保存一部电影的所有信息
    item = str(item)
```

图 1-7 页面解析

②进行正则提取(见图 1-8),Python 中使用 re 模块操作正则表达式。正则表达式,通常是用来检索、替换那些符合规则的文本,是对字符串操作的一种逻辑公式,通过一种特定的规则字符串来表达对字符串的一种过滤逻辑。正则表达式的常用操作符见表 1-1。

```
#影片详情链接的规则
findLink = re.compile(r'a href="(.*?)">')    #创建正则表达式对象, 表示规则 (字符串的模式)
#影片图片
findImgSrc = re.compile(r'<img.*src="(.*?)"', re.S)    #re.S让换行符包含在字符中
#影片片名
findTitle = re.compile(r'<span class="title">(.*)</span>')
#影片评分
findRating = re.compile(r'<span class="rating_num" property="v:average">(.*)</span>')
#找到评价评论人数
findJudge = re.compile(r'<span>(\d*)人评价</span>')
#找到概况
findInq = re.compile(r'<span class="inq">(.*)</span>')
#找到影片的相关内容
findBd = re.compile(r'<p class="">(.*?)</p>', re.S)
```

图 1-8 正则提取

表 1-1   正则表达式的常用操作符

操作符	释　　义	举例说明
.	表示单个字符	
[ ]	字符集,对单个字符给出取值范围	[abc]表示 a、b、c
[^]	非字符集,对单个字符给出排除范围	[^abc]表示非 a 或 b 或 c 的单个字符
*	前一个字符 0 次或无限次扩展	abc * 表示 ab、abc、abcc 等

续表

操作符	释　　义	举例说明
?	前一个字符 0 次或 1 次扩展	abc? 表示 ab、abc
|	左右表达式中任意一个	abc | def表示 abc、def
{n}	扩展前一个字符 n 次	ab{2}c 表示 abbc
{m, n}	扩展前一个字符 m 至 n 次	ab{1, 2}c 表示 abc、abbc
^	匹配字符串开头	^abc 表示 abc 且在一个字符串的开头
$	匹配字符串结尾	abc $ 表示 abc 且在一个字符串的结尾
\d	数字，等价于[0-9]	

③按需抽取数据（见图 1-9），使用正则表达式对数据进行抽取并存在 datalist 中，包括影片链接、图片、影片中文名、影片外文名、评分、评价人数、概述等信息。

```
61                    #影片详情的链接
62      link = re.findall(findLink,item)[0]   #re库用通过正则表达式查找指定的字符串
63      data.append(link)          #添加链接
64
65      imgSrc = re.findall(findImgSrc,item)[0]
66      data.append(imgSrc)         #添加图片
67
68      titles = re.findall(findTitle,item)    #片名可能只有一个，也可能有两个
69      if(len(titles)==2):
70          ctitle = titles[0]
71          data.append(ctitle)        #添加中文名
72          otitle = titles[1].replace("/","")   #去掉无关的符号
73          data.append(otitle)        #添加外国名
74      else:
75          data.append(titles[0])
76          data.append(' ')        #外国名留空
77
78      rating = re.findall(findRating,item)[0]
79      data.append(rating)         #添加评分
```

图 1-9　抽取数据

4. 保存数据

①excel 表存储。利用 Python 库 xlwt 将抽取的数据 datalist 写入 excel 表中(见图 1-10 和图 1-11)。

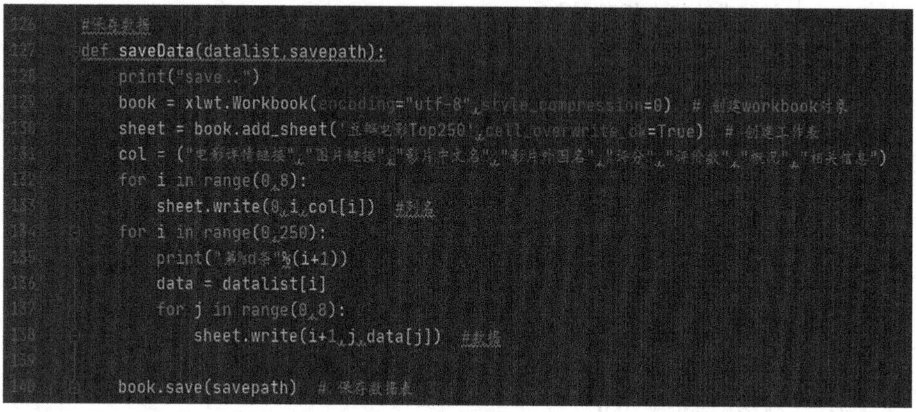

```
#保存数据
def saveData(datalist,savepath):
    print("save...")
    book = xlwt.Workbook(encoding="utf-8",style_compression=0)  # 创建workbook对象
    sheet = book.add_sheet('豆瓣电影Top250',cell_overwrite_ok=True)  # 创建工作表
    col = ("电影详情链接","图片链接","影片中文名","影片外国名","评分","评价数","概况","相关信息")
    for i in range(0,8):
        sheet.write(0,i,col[i])  #列名
    for i in range(0,250):
        print("第%d条"%(i+1))
        data = datalist[i]
        for j in range(0,8):
            sheet.write(i+1,j,data[j])  #数据

    book.save(savepath)  # 保存数据表
```

图 1-10 excel 存储

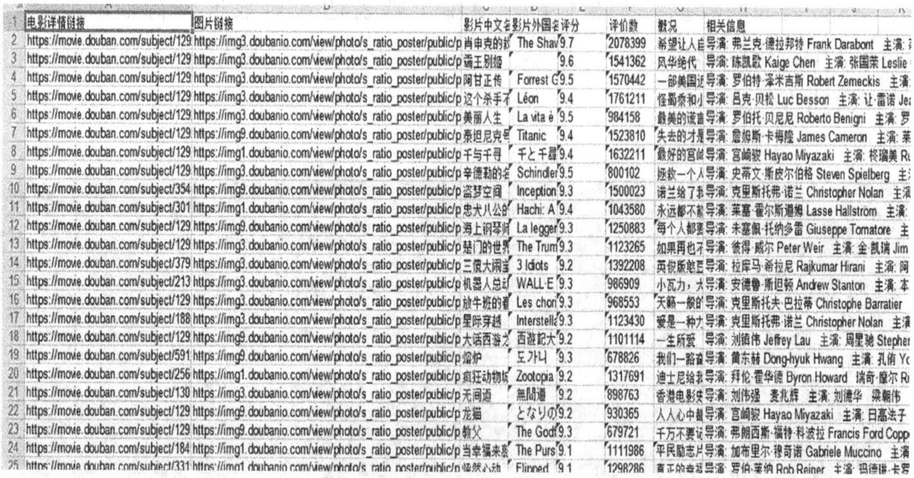

1	电影详情链接	图片链接	影片中文名	影片外国名	评分	评价数	概况	相关信息
2	https://movie.douban.com/subject/129	https://img3.doubanio.com/view/photo/s_ratio_poster/public/p	肖申克的救	The Shav	9.7	2078399	希望让人自	导演: 弗兰克·德拉邦特 Frank Darabont 主演:
3	https://movie.douban.com/subject/129	https://img3.doubanio.com/view/photo/s_ratio_poster/public/p	霸王别姬		9.6	1541362	风华绝代	导演: 陈凯歌 Kaige Chen 主演: 张国荣 Leslie
4	https://movie.douban.com/subject/129	https://img3.doubanio.com/view/photo/s_ratio_poster/public/p	阿甘正传	Forrest G	9.5	1570442	一部美国近	导演: 罗伯特·泽米吉斯 Robert Zemeckis 主演:
5	https://movie.douban.com/subject/129	https://img3.doubanio.com/view/photo/s_ratio_poster/public/p	这个杀手不	Léon	9.4	1761211	怪蜀黍和小	导演: 吕克·贝松 Luc Besson 主演: 让·雷诺 Je
6	https://movie.douban.com/subject/129	https://img3.doubanio.com/view/photo/s_ratio_poster/public/p	美丽人生	La vita è	9.5	984158	最美的谎言	导演: 罗伯托·贝尼尼 Roberto Benigni 主演: 罗
7	https://movie.douban.com/subject/129	https://img9.doubanio.com/view/photo/s_ratio_poster/public/p	泰坦尼克号	Titanic	9.4	1523810	失去的才是	导演: 詹姆斯·卡梅隆 James Cameron 主演: 莱
8	https://movie.douban.com/subject/129	https://img1.doubanio.com/view/photo/s_ratio_poster/public/p	千与千寻	千と千尋	9.4	1632211	最好的宫崎	导演: 宫崎骏 Hayao Miyazaki 主演: 柊瑠美 Ru
9	https://movie.douban.com/subject/129	https://img3.doubanio.com/view/photo/s_ratio_poster/public/p	辛德勒的名	Schindler	9.5	800102	拯救一个人	导演: 史蒂文·斯皮尔伯格 Steven Spielberg 主
10	https://movie.douban.com/subject/354	https://img9.doubanio.com/view/photo/s_ratio_poster/public/p	盗梦空间	Inception	9.3	1500023	诺兰给了我	导演: 克里斯托弗·诺兰 Christopher Nolan 主演
11	https://movie.douban.com/subject/301	https://img1.doubanio.com/view/photo/s_ratio_poster/public/p	忠犬八公的	Hachi: A	9.4	1043580	永远都不能	导演: 莱塞·霍尔斯道姆 Lasse Hallström 主演:
12	https://movie.douban.com/subject/129	https://img9.doubanio.com/view/photo/s_ratio_poster/public/p	海上钢琴师	La legger	9.3	1250883	每个人都要	导演: 朱塞佩·托纳多雷 Giuseppe Tornatore 主
13	https://movie.douban.com/subject/129	https://img3.doubanio.com/view/photo/s_ratio_poster/public/p	楚门的世界	The Trum	9.3	1123265	如果再也不	导演: 彼得·威尔 Peter Weir 主演: 金·凯瑞 Jim
14	https://movie.douban.com/subject/379	https://img3.doubanio.com/view/photo/s_ratio_poster/public/p	三傻大闹宝	3 Idiots	9.2	1392208	英俊版憨豆	导演: 拉库马·希拉尼 Rajkumar Hirani 主演: 阿
15	https://movie.douban.com/subject/213	https://img3.doubanio.com/view/photo/s_ratio_poster/public/p	机器人总动	WALL·E	9.3	986909	小瓦力，大	导演: 安德鲁·斯坦顿 Andrew Stanton 主演: 本
16	https://movie.douban.com/subject/129	https://img3.doubanio.com/view/photo/s_ratio_poster/public/p	放牛班的春	Les chor	9.3	968553	天籁一般的	导演: 克里斯托夫·巴拉蒂 Christophe Barratier
17	https://movie.douban.com/subject/188	https://img3.doubanio.com/view/photo/s_ratio_poster/public/p	星际穿越	Interstell	9.3	1123430	爱是一种力	导演: 克里斯托弗·诺兰 Christopher Nolan 主演
18	https://movie.douban.com/subject/129	https://img9.doubanio.com/view/photo/s_ratio_poster/public/p	大话西游之	西遊記大	9.2	1101114	一生所爱	导演: 刘镇伟 Jeffrey Lau 主演: 周星驰 Stephe
19	https://movie.douban.com/subject/591	https://img9.doubanio.com/view/photo/s_ratio_poster/public/p	熔炉	도가니	9.3	678826	我们一路奋	导演: 黄东赫 Dong-hyuk Hwang 主演: 孔侑 Yo
20	https://movie.douban.com/subject/256	https://img1.doubanio.com/view/photo/s_ratio_poster/public/p	疯狂动物城	Zootopia	9.2	1317691	迪士尼给我	导演: 拜伦·霍华德 Byron Howard 瑞奇·摩尔 Ri
21	https://movie.douban.com/subject/130	https://img3.doubanio.com/view/photo/s_ratio_poster/public/p	无间道	無間道	9.2	898763	香港电影史	导演: 刘伟强 麦兆辉 主演: 刘德华 梁朝伟
22	https://movie.douban.com/subject/129	https://img9.doubanio.com/view/photo/s_ratio_poster/public/p	龙猫	となりの	9.2	930365	人人心中都	导演: 宫崎骏 Hayao Miyazaki 主演: 日高法子
23	https://movie.douban.com/subject/129	https://img9.doubanio.com/view/photo/s_ratio_poster/public/p	教父	The Godf	9.3	679721	千万不要记	导演: 弗朗西斯·福特·科波拉 Francis Ford Copp
24	https://movie.douban.com/subject/184	https://img1.doubanio.com/view/photo/s_ratio_poster/public/p	当幸福来敲	The Purs	9.1	1111986	平民励志片	导演: 加布里尔·穆奇诺 Gabriele Muccino 主演
25	https://movie.douban.com/subject/331	https://img1.doubanio.com/view/photo/s_ratio_poster/public/p	怦然心动	Flipped	9.1	1298286	真正的幸福	导演: 罗伯·莱纳 Rob Reiner 主演: 玛德琳·卡罗

图 1-11 excel 显示

②数据库存储。使用 Python 库 sqlite3 将抽取的数据 datalist 存储到数据库中(见图 1-12 和图 1-13)。

```
143  def saveData2DB(datalist,dbpath):
144      init_db(dbpath)
145      cunn = sqlite3.connect(dbpath)
146      cur = cunn.cursor()
147
148      for data in datalist:
149          for index in range(len(data)):
150              if index == 4 or index == 5:
151                  continue
152              data[index] = '"'+data[index]+'"'
153          sql = '''
154              insert into movie250(
155              info_link,pic_link,cname,ename,score,rated,instroduction,info)
156              values (%s)'''%",".join(data)
157          cur.execute(sql)
158          cunn.commit()
159      cur.close()
160      cunn.close()
```

图 1-12　数据库存储

```
163  def init_db(dbpath):
164      sql = '''
165          create table movie250
166          (
167          id integer primary key autoincrement,
168          info_link text,
169          pic_link text,
170          cname varchar,
171          ename varchar,
172          score numeric,
173          rated numeric,
174          instroduction text,
175          info text
176          )
177
178      '''  #创建数据表
179      conn = sqlite3.connect(dbpath)
180      cursor = conn.cursor()
181      cursor.execute(sql)
182      conn.commit()
183      conn.close()
```

图 1-13　创建数据库表

5. 数据可视化

利用 Python 库 jieba、wordcloud 进行分词、绘制词云图（见图 1-14）。

19

图 1-14　词云图显示

以上实例能够说明网络爬虫已成为数据获取的主要途径，我们只有拥有了大量的数据信息，才能够对某个领域进行合理的分析，对豆瓣电影的大量信息进行研究并对这些信息进行可视化，可以很直观地为观影人员展示热门电影等信息，同时可以为观影人员推荐自己喜欢的电影。做这些工作的前提就是需要大量的数据，获取数据的途径之一就是网络爬虫，所以说网络爬虫在我们的日常研究中起着举足轻重的作用。

第三节　国内外研究现状

一、话题检测与跟踪

话题是一个影响重大的事件或活动，以及所有直接相关的事件和活动[15]。所以我们可以理解为事件和活动组合构成话题。"热点话题"是指在一段时间内频繁出现的话题。一般来说，一个"热点话题"具有以下特点：（1）它出现在一个或多个新闻标题上的多个新闻故事中；（2）具有较强的延续性，即许多与主题相关的不同事件也被报道；（3）它的受欢迎程度随着时间而变化。将主题模型[16][17]从原来的向量空间模型(VSM)改进为 LDA 模型后，有许多学者做了大量的工作来提高话题检测的效果。然而，在检索效果上却几乎没有改善。此外，部分学者通过与外部语义知识库的结合，对短文本信息进行了扩展，但是很多短文本的相关信息不易查找，且最终结果的好坏取决于扩充内容的准确性，使最终话题检索效果有很大的波动性，十分不稳定。

在提高热点话题检测的速度和准确度方面，已有大量的学者做了这方面的研究，并取得了不错的效果。Salton 等人[18]提出了 VSM。它将文本转化为空间向量，并利用词频-逆文档频率(TF-IDF)函数，计算词的特征权重，从而得到话题。为了检测出文档中的一义多词关系，学者们改善了 VSM 的语义缺失问题。Hofmann[19]提出了概率隐含语义分析模型(probablity latent semantic analysis，PLSA)。它采用了 EM 算法(expectation-maximization algorithm)，得到文档中每个词的生成概率。同时在 PLSA 的基础上融入贝叶斯框架，得到了 LDA 模型。LDA 利用主题-词矩阵，从文档集中挖掘主题，克服了 PLSA 模型参数过多、容易过拟合等缺点。之后，学者对 LDA 进行了大量的研究与应用，提出了许多 LDA 的派生模型。一部分学者扩充训练集，丰富了文本的语义特征。Ramage 等人[20]在 LDA 中引入了文本的标签信息，以提高主题可读性。另一部分学者则通过改进 LDA 模型来提高话题挖掘的精确性。[21][22]以上 LDA 模型对传统文本的处理都有较好的效果，但是在结合图像理解方面，由于图像描述词对的新特性，传统 LDA 无法取得预期效果。

随着互联网技术的发展和普及，Twitter 成为发布和接收消息的社交平台，其特点明显、传播速度快，很多人将其作为事件曝光和信息分享的主要渠道。所以如何快速、准确地从 Twitter 上发现热点话题成为一项具有挑战性的任务。传统的话题检测手段无论是在精度还是速度上都难以满足实际应用的需求。随着深度学习与计算机视觉领域的结合，图像识别得到了迅速的发展。在深度学习功能的驱动下，更多人开始利用基于深度学习的图像理解来获得更有效的信息。与可能出现在较长的范围内的噪声项相比，intopics 图像通常出现在相对较小的范围内且噪声较小。一般来说，Twitter 上的图片对转发的影响很大，更有可能吸引人们的注意力。因此，图片内容占据了 Twitter 内容的很大一部分。不同类型的数据在语义上与同一 tweet 相关，所以当它们呈现相同的信息时，可以实现互补增强。同时结合图像和短文本信息可以丰富短文本信息，提高主题检测的性能。因此，本书将基于深度学习的图像识别技术引入话题检索领域，通过 CNN 卷积神经网络获取图像特征，采用基于深度循环结构的生成模型，生成描述图像内容的语义描述，实现文本与图像内容相融合的话题检索。

二、深度学习

深度学习的发展历史可分为萌芽期、发展期以及爆发期[23]。萌芽期最早可追溯到 20 世纪 40 年代提出的人工神经网络结构，到了 20 世纪 80 年代计算机水平飞速发展，计算机硬件以及计算能力都有了显著的提升。1986 年 Rumelhart[24]等人在 *Natural* 上提出了一种新的算法（back propagation，BP）采用反向传递的方式来训练神经网络，取得了较好的效果，随后又有人陆续提出了波尔兹曼机、CNN、RNN 等网络模型，将神经网络的发展带入高潮。但对神经网络的研究还是存在理论分析难度大、模型训练复杂等问题，导致 DNN 在发展上受到了限制。到了 2006 年，机器学习泰斗 Hinton[25]及其团队在 *science* 上提出了深度学习的定义并表明深度神经网络可以采用逐层初始化的方式来训练，至此拉开了深度学习的序幕，也标志着人类对人工神经网络的研究进入深度学习时代[26]。这一时期深度学习得到了较大的发展。到了 2012 年深度神经网络在图像识别领域中取得巨大成功。Hinton 及其团队采用的卷积神经网络在 ImageNet 图像识别大赛中夺得桂冠。2016 年基于深度学习的智能机器人 AlphaGo 的表现亮眼，自此各大公司和机构纷纷成立深度学习研究部，深度学习的发展进入爆发期，这一时期深度学习的技术不断发展完善，影响力不断扩大。

三、注意力机制

机器学习领域中注意力机制的概念可以追溯到 ltti 等人[27]在 1998 年的工作。他们受到神经科学中的视觉注意力启发，提出了一种基于视觉注意力的场景分析方法和人类视觉注意力机制的早期计算模型。然而注意力机制的首次应用却是 Mnih 等人[28]于 2014 年在图像分类研究中设计的瞥见（glimpse）算法，它将视觉注意力与循环神经网络相结合。该算法不同于全图扫描，每次运行时仅瞥见图像中的某一部分区域，并按时间顺序将多次瞥见的内容利用循环神经网络进行整合，最终建立图像的动态表示。因为深度学习模型计算量较大，一旦输入的图像分辨率较高，那么对整个图像一视同仁地处理往往需要耗费大量的时间，而通过注意力机制很好地解决了这个问题并且有效减少了噪声干扰，在图像分类任务中取得了显著成效[29]。

在自然语言处理领域，Bahdanau 等人[30]率先在神经机器翻译模型中的 encoder-decoder 网络中成功应用了注意力机制，与图像处理领域中的注意力机制原理是相似的，自然语言处理模型允许模型自动搜索源句子与预测目标词之间的相关性，在读取文本时可以重点关注文本中和任务相关的部分，忽略其他内容。做到在生成译文的每个词时，模型都能在原文中找出和当前词最相关的部分。注意力机制的融入使得神经机器翻译首次达到接近传统的统计翻译方法的水平，这也证明了注意力机制在自然语言处理任务中的有效性，并迅速将该方法推广到不同的自然语言处理任务中。

自从注意力机制在机器翻译领域成功应用以来，对注意力机制的改进在 2017 年谷歌大脑的 Vaswani 等人[31]提出 Transformer 网络模型时达到新的高度。这项工作的贡献主要是提出了一个序列模型，其关键特点是该模型不包含递归神经网络和卷积神经网络，而只包含自注意力思想和前馈神经网络。这打破了之前所有的神经机器翻译模型都依赖于 CNN 或 RNN 的机制。研究者发现如果在神经机器翻译中使用 RNN 模型，由于 RNN 前后依赖的特性，往往难以并行化。而基于 CNN 的模型虽然没有这个问题，但是在解决捕捉距离较远的单词关系这一问题上，CNN 的效率却不高。而 Transformer 模型提出自注意力机制连接编码器与解码器，首先对输入进行位置编码（positional encoding），加入位置信息之后将其输入多头注意力（multi-head attention）模块中，将输入映射到不同的线性空间中，然后使用自注意力机制计算输入句子的单词之间的自注意力，最后再拼接输出。改进之后的模型有效避免了循环神经网络无法并行的问题，同时对于相隔距离较远的单词之间的关系，也可以在很短时间内捕捉到[32]。

在图像描述领域，受到机器翻译和目标检测工作的启发，Xu 等人[33]在图像描述领域也引入了注意力模型，利用最大变分下限进行随机训练，同时使用标准定向传播技术对模型进行确定性的训练，使模型具备自动学习描述图像内容的能力。跟自然语言处理任务中模型自动搜索源句子与预测目标词之间的相关性原理类似，图像描述文本也直观地展示了模型在输出序列中生成单词时如何自动匹配图像中与其对应的区域。

在语音识别领域，Chan 等人[34]研究将语音发音直接转换为字符，通过监听器获取声音，然后拼写器利用注意力机制将其解码为文字字符。

在情感分类领域，Wang 等人[35]提出了一个多层注意力网络，每一层都由张量运算符计算的两个注意力组成，其中一个注意力用来提取方面术语（aspect terms），另一个用来提取意见术语（opinion terms），两个注意力之间交互学习，互相传播信息。通过多层模型和多层注意力网络，可以进一步挖掘并利用术语间的相关关系，实现更精确的信息提取。

现在，注意力机制已广泛应用于诸多领域，比如文献分类、视觉问答系统、图像处理和计算机视觉等领域。由于注意力机制实现简单，便于理解的特性[36]，它在未来也仍有极高的研究价值。

四、异构信息网络

异构信息网络（heterogeneous information network，HIN）：如果 $|A|>1$ 或者 $|R|>1$，则该信息网络为异构信息网络，或简称为异质网络。

如果两条链接代表了同一种关系，则说明其所链接的对象具有相同类型。与传统的网络定义不同，在异构信息网络中，其明确区分对象类型和关系类型。如果对象类型 M 和对象类型 N 之间存在关系，则有 MRN，R 表示 M、N 之间存在某种关系，当两个对象类型相同且 R 对称时，有关系 $R=R^-$（R^- 代表其逆关系）；否则，在大多数情况下，R 不相等，有其各自的语义。

同质网络不区分节点类型和边类型，其往往是现实网络的一种简化。所以，包含不同类型的节点和边的异质网络才更能反映出现实世界数据的真实特质。我们可以将这些不同的节点和边建模为具有不同类型的对象和不同链接关系的异构信息网络。例如，在书目数据库中，论文通过会议、作者和术语联系在一起；在 Flickr 图片分享网站中，照片通过用户、用户群、tag 和评论信息联系在一起。

在网络科学和图挖掘的发展过程中，已经有一些研究探索包含不同类型的顶点和边的网络，例如推荐系统中的二部图[37]、多层网络以及书目网络中的主题建模[38]。

以下是研究中常用的异质网络类型（见图 1-15）：

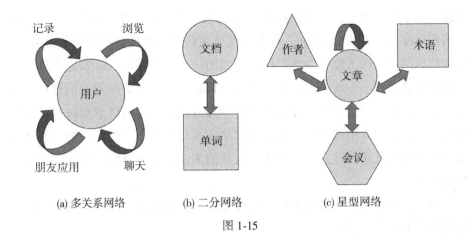

(a) 多关系网络　　　(b) 二分网络　　　(c) 星型网络

图 1-15

多关系网络：传统的多关系网络只有一种类型的对象，而对象之间存在多种关系。因此，多关系网络可以看作是异构网络的特例，如图 1-15(a)所示，展示的是用户之间存在通话、浏览、聊天等多种连接方式。

二分网络：二分网络是一种典型的异质网络，其大多用于两种对象类型之间的交互。图 1-15(b)展示了文档-单词的网络模式。

星型网络：在网络中，目标对象及其属性对象自然构成一个异构信息网络，目标对象作为枢纽节点连接不同的属性对象。如图 1-15(c)所示，书目信息网络是典型的星型异构信息网络，包含不同的对象(例如，文章、会议、作者和术语)和它们之间的链接关系。

除了上述几种网络外，还有多中心网络，属性网络和复杂网络等多种概念。如多中心网络，相当于是星型网络的拼接，如在生物信息领域，可构建以基因为中心和以化合物为中心的网络；属性网络更多地考虑了节点和边的属性；复杂网络指由于网络过于复杂不能构建成简单的异质网络，其可能包含复杂的节点和边，以及多个中心和关系。

目前对异构信息网络进行建模分析的重要性已引起大量学者的注意，他们在异构信息网络中发现了许多新的数据挖掘任务，比如相似度搜索[39][40]、聚类[41]、分类[42]等。学者 Y. Sun 等人在 2009 年[41]首次提出异构信息网络的概念，随后在 2011 年[43]提出元路径的概念，论文提出的思想来源于在很多场景下，在网络中找相似的对象也同时意味着找相似的同行，比如按照功能和知名度找相似的产品，按照领域和口碑找相似的作者，根据电影类型(爱情、

恐怖、纪录等类型等)找相似的演员。以此为出发点，作者提出一种基于元路
径的相似度度量方法 PathSim，从而去度量元路径中相似的路径和节点类型。
异构信息网络分析迅速成为数据挖掘领域的一个热门话题，很多论文发表在
顶级会议和期刊上。现实中，由于网络的稀疏性和其指数级增长的规模，网
络表示学习方法被认为是一种更有效的学习方式，其将网络节点映射到低维
向量空间中，用低维稠密向量来表示网络中的任意节点。因此，基于网络表
示学习的方法也受到许多学者和研究人员的关注，成为异构信息网络研究领
域的重点。

另外，异构信息网络有多种语义探索方法：元路径、加权元路径、随机
游走和深度神经网络等。

(一)基于元路径的语义探索

基于元路径的异构信息网络挖掘中，元路径可以抽取复杂的异构信息网
络中的有价值的信息，研究者可根据自己的需要灵活选择路径。

以电影推荐异质网络为例，其网络模式如图 1-16 所示：有元路径 $M \xrightarrow{\text{dir}}$
$D \xrightarrow{\text{dir}^-} M$ (MDM)，表示同一个导演导的两部电影；元路径 $U \xrightarrow{\text{rate}} M \xrightarrow{\text{act}} A$
$\xrightarrow{\text{act}^-} M \xrightarrow{\text{rate}^-} U$ (UMAMU)，表示用户给同一个演员演的电影作品评分。在此过
程中，我们必须考虑路径的权重，如果不考虑路径的权重，则相当于只考虑
用户是否评分，没有考虑用户评分多少。假设用户 U_1 给电影 M 评 5 分(好
评)，但用户 U_2 给电影评 1 分(差评)，若不考虑用户评分只通过他们都给电
影 M 评分这一行为来衡量相似度会认为他们有相似的喜好，但实际上用户 U_2
并不喜欢这个电影。所以有学者在基于元路径的相似性衡量中加入权重这一
度量指标，则有了加权元路径的概念。

加权元路径：加权元路径是对关系属性值有所约束的一种扩展元路径，
可以表示为 $A_1 \xrightarrow{\delta_1 R_1} A_2 \xrightarrow{\delta_2 R_2} \cdots \xrightarrow{\delta_l R_l} A_{l+1} \mid C$。如上例中用户 U 与电影 M 间评分
关系的属性值可以取 1 至 5 分，加权元路径 $U \xrightarrow{2} M$ 表示用户给电影的评分
为 2，属于低分，语义为不喜欢此电影；加权元路径 $U(i)M(j)U \mid i = j$ 表示相
同用户给电影 M 的评分相同，语义为这两个用户对此电影有相似的喜好程度，
则进而可推断用户 U_1 喜欢的另外一部电影用户 U_2 也可能喜欢。但普通元路径
UMU 只能表示相同的用户给电影都评分了这一行为，并不能表示其评分多

少，即普通元路径无法表达两个用户对此电影是否有相同的喜好程度。

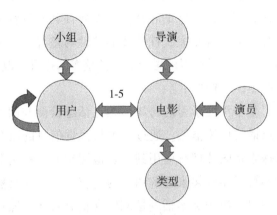

图 1-16 豆瓣电影网络模式

(二) 随机游走

使用随机游走的优势：（1）并行化：随机游走可满足从不同或指定节点开始游走的需求(游走是局部的)并进行指定长度的随机游走，不同的随机游走可同时进行，从而提高模型的效率。（2）适应性：网络中节点或边发生变化时，会对部分随机游走的路径产生影响，计算其变化时，只需要计算已变化的路径，而不需要重新计算整个网络。

第四节　本书的主要研究内容及组织结构

本书基于长期对热点话题检测与跟踪以及网络事件挖掘的研究，不仅对网络视频中出现的标题和标签等文本信息进行分析，而且对网络视频中的视频内容进行数据分析。本书将所提出的方法与目前比较流行的方法以及广泛应用于文本领域的方法进行完备的实验比较，从而对所提出方法的有效性与先进性进行更好的客观评价。

话题检测与跟踪是信息检索中的一个重要问题，学者们对于基于文本的话题检测与跟踪有着深入的研究，然而对于跨媒体，尤其是多源异构信息融合的跨媒体话题检测与跟踪的研究则相对较少。本书将研究文本与图片相融合的话题检测与跟踪、注意力机制、基于多源异构信息网络的个性化推荐、基于异构信息网络的网络视频事件挖掘以及跨媒体智能推理。

　　虽然对于文本和视频信息的融合方法一直处于探索之中,但是,对于文本突发性特征与视觉突发性特征的相似性、差异性和互补性则鲜有研究。本书研究文本突发性特征与视觉突发性特征的共性与差异,同时研究文本与视觉突发性特征的互补性以及两者的融合对事件挖掘的提升与改进。

　　本书接下来的组织结构如下:

　　第二章研究了基于深度学习的跨媒体热点话题检测与跟踪。本章新提出了一种三阶段热点话题检测框架。通过文本与视觉信息的融合提高话题检测的准确性。本书探索将图片理解应用到话题检测领域,利用深度学习循环神经网络以及编码器解码器框架来理解图片的内容,建立起自然图片与语义信息之间的桥梁,用以解决短文本话题检测所含信息量小、噪声多的难题。另外实验中改进了 LDA 模型,将图片理解词对融入短文本,提升了话题检测模型的准确度。

　　第三章研究了多源异构信息融合中的注意力机制。本章主要介绍了注意力机制,对注意力机制进行了剖析,讲述了模型原理以及注意力机制在场景文字识别、图片描述以及视频场景识别中的应用,并对注意力机制模型的应用前景以及未来研究重点做了展望。

　　第四章研究了多源信息融合的跨媒体智能推理。本章介绍了推理和跨媒体信息的基础知识,并利用跨媒体推理解决跨媒体智能事件挖掘中的热点问题。本章重点探讨基于多源信息融合的跨媒体推理在事件挖掘中的应用,并针对跨媒体信息中常见的视频、文本和语音信息,以及三者之间的关系做了初步的梳理。此外,本章分别针对 3 个方面的经典模型做了梳理,并对存在的问题和未来发展方向做了分析。

　　第五章研究了基于异构信息融合的网络视频事件挖掘。首先介绍了同构及异构信息网络的基础知识,并提出了一种新的视觉相似度检测方法,该方法利用 NDK 之间的高层语义关系,对视觉表现形式多样的 NDK 进行聚类,形成一个新的 NDK 集合。每个新形成的 NDK 集合在各种视觉表示中都有相同的话题。该方法拓宽了视觉相似性检测的范围,可以将更多视觉形式不同、话题相同的关键帧集合在一起。其次,本章还提出一种新的基于多条语义路径嵌入的关联丰富模型,通过巧妙地捕捉 NDK 与术语之间的间接语义关联,提高了网络视频事件挖掘的有效性。在构建跨媒体多语义路径网络(cross-media multiple semantic-paths networks，CMSN）之后，不同媒体之间的交互变得更丰富。再次，本章通过语义路径引导的随机游走捕获跨媒体数据之间的间接关系。最后，为了在语义关联中表示有用信息，本章提出一种多语义路径嵌入策略。

　　第六章是对本书主要贡献的总结和未来工作的展望。

第二章　基于深度学习的跨媒体热点话题检测与跟踪研究

机器学习就是使用计算机去模仿人类的学习行为，使得计算机能完成之前不能完成的任务，从而更好地为人类提供便利[44]。机器学习涵盖的知识很广泛，涉及多个门类。在实践上来说，它是一种利用数据，训练出模型，然后利用模型进行预测的一种方法。目前机器学习已被广泛应用于图像处理、自然语言识别、数据挖掘、自动驾驶、医疗、金融等领域。可以说机器学习的广泛运用推动了经济的发展和世界的进步。

第一节　深度学习基础

一、深度学习概念

深度学习是随着机器学习的发展产生的一个新分支，也是神经网络发展到一定阶段后的产物。深度学习的概念最早于 2006 年由 Hinton[25] 等人提出，指基于样本数据通过一定的训练方法得到包含多个层级的深度网络结构的机器学习过程[45]。这个深度网络结构中包含大量的单一神经元，且神经元之间相互连接，每个连接上都有一个权值，可以在训练过程中进行调节和修改，从而改善网络的功能。因为这种结构与传统的神经网络结构很相似，故称为深度神经网络(deep neural networks，DNN)。深度神经网络对输入信息逐层进行变换，使样本数据的特征从原始空间映射到一个新的特征空间，并且能在此过程中学到样本的特征表示，有助于分类或特征的可视化[23]。

深度神经网络的训练方法与早期的浅层神经网络训练方法不同，早期的神经网络都是随机初始化，并由 BP 算法和梯度下降算法对其进行训练和调参，直到收敛。但是这使得神经网络不容易找到全局最优值，深度神经网络使用无监督预训练(逐层训练)的方法优化网络权值，每层网络训练完后在整个网络中利用有监督的方式对参数进行微调，这种方法能较好地缓解陷入局部最优解这一问题。

(一)机器学习

最常见的机器学习分类方式是，根据样本数据是否含标记将机器学习过程划分为以下三种方式。

监督学习是用带标签的样本来训练机器完成某些任务的机器学习方法，即用含有标签的样本数据去训练得到一个解决问题的模型，并用此模型去处理新样本得到预测的输出。若机器学习中的目标是通过训练样本的特征和标签之间的对应关系，并且训练集的每个样本均有标签，则可以将这类机器学习称为监督学习。机器学习的过程类似于人类对事物的认知过程，小时候我们被父母、老师教授识别各种景物，并告诉我们这些景物分别是什么。这就类似于输入有标签的训练样本。当我们见识的多了，也就是训练的次数足够多了以后，脑子里面就慢慢形成了一些景物该有的样子(函数模型)。我们不需要家长的指导，也能独立地识别各种景物。根据训练样本标签类型的不同，监督学习可以分为以下三类问题：(1)回归问题：问题中的标签 y 是连续值，输出 $f(X;\theta)$ 也为连续值。(2)分类问题：问题中的标签 y 是离散值，输出函数也为离散的类别。在分类问题中，所建立的模型也称为分类器。根据分类器所分的类别数量又可以分为二分类问题和多分类问题。(3)结构化学习问题：结构化学习的输出 y 常常都是结构化的对象，如树、图、序列等。结构化学习也可以看作是一种特殊的分类问题，其特点是输出空间较大，所以常常将 x,y 映射到定义的一个联合特征空间中作为一个联合特征向量 $\varphi(x,y)$。

无监督学习是在不含标签的数据集中发掘出某些有价值的信息，常见的无监督学习问题有聚类、特征学习、降维等。由于给定的数据是不带标签的，因此我们一般不知道处理的结果如何，但我们可以从数据中提取到一个特殊的结构。无监督学习是通过样本数据的训练，找出数据间存在的内在关联。如对数据进行聚类，或对复杂数据进行处理，使数据看起来更简单。例如：聚类就是要将样本数据分类成一个一个的组，在同一组中的样本数据具有某些共同的特征。所以如何恰当地提取特征是无监督学习的关键环节。无监督学习学习到的是一种模式，所以如何评估模型是否学习到了有用的东西就成为一个难题，因为我们不知道正确的输出应该是什么，也很难判断我们训练的模型的好与坏。无监督算法通常用于探索信息的关联性，如用无监督算法作为监督算法的预处理步骤，学习数据的表示，从而提高监督算法的精度、减小时间开销，而非作为大型自动化系统的一部分。

强化学习用于处理机器在与环境交互的过程中如何获得最大化奖励的问题。智能体（agent）和环境状态是强化学习的两个核心元素，其目标是获得最多的累计奖励，并使系统的性能最佳。2017 年 Alphago 在围棋比赛中战胜柯洁，这成为机器学习的重要标志[44]。Alphago 是基于强化学习，强化学习采用的是交互式的学习方式，每得出一个结果都需要得到一定的反馈。强化学习具有与其他两类学习不同的特点，它是在与环境的交互中进行学习，而且奖励可能存在延迟。就如同训练海豚顶球一样需要较长一段时间才能看到效果。在强化学习模型中希望让奖励极大化，其中面临的一个难题就是权衡近期奖励和远期奖励的问题。强化学习的过程可以使用小孩学习走路的过程来进行类比。小孩在走路之前，得先站起来，接着迈出第一条腿，然后迈出另一条腿。这里小孩就是 agent，他希望通过行动（走路）来控制环境（行走的表面），并且发生状态改变（他走的每一步），当小孩完成部分任务时（也就是走了几步）会得到奖励，当他没完成部分任务时（不能走路）就不能得到奖励。监督学习就像在学走路时有父母指导，他们知道怎么站立行走是对的，在地上爬行是错的。而在强化学习中没有任何标签（父母），只能先通过做出一些行为的尝试得出结果，通过结果反馈是对或错，并调整之前的行为，不断重复此过程，最后使算法能学习到在什么样的情况下选择什么样的行为可以得到最好的结果。以训练海豚顶球为例，每当它没有顶到球时，就不给它小鱼吃当作惩罚，而每当它成功球顶起时便给予它小鱼吃当作奖励，那么最终海豚就会学到将顶起球是正确的行为，能得到美食（奖励），海豚也就学会顶球了。

（二）机器学习经典算法

机器学习的灵魂在于算法，一个优秀的机器学习算法往往能极大地提升计算机处理问题的性能。常见的机器学习算法主要包括以下这些：

1. 决策树

决策树是一种常见的机器学习算法，它是一种通过一系列规则对数据进行分类预测的过程，其形状类似一棵树[46]。其目的是为构造一棵对未出现过的事例有较强的决策能力的树。决策树中包括三种节点：根节点、中间节点、叶子节点，不同的节点代表对象不同的属性，分支节点代表可能的属性值，叶子节点表示根到叶子节点这条路径上对应的对象的值。决策树仅有单一输出，也就是从根节点到叶子节点的规则是唯一的。决策树算法的基本思想是：先用样本数据训练好构建的模型，接着使用模型对实际问题进行分类预测。

决策树可以分为分类树和回归树两类。分类树如 C4.5、ID3 等，用于分类标签值，如性别的男或女，是定性的。而回归树是用来预测实际的值，如温度、湿度、人口密度、网页的相关程度等，是定量的。构建一棵决策树第一步是对决策树进行特征选择。对决策树做出决策有影响的事务称为特征，如：判断一个人的情感状态，特征为是否有男或女朋友，是否每天陪伴，是否每天有联系等，这也叫作信息增益。第二步是决策树的生成。也就是选择最优划分属性的过程，随着划分过程的不断进行，要使决策树的分枝所包含的样本尽可能属于同一类别，也就是"纯度"越来越高。但经过这一步后决策树模型的泛化能力较差，只能得到局部最优解。对不同的算法，属性划分规则的计算指标也不尽相同，比如 CART 算法采用的是基尼（Gini）系数来划分、C4.5 则用信息增益率来选择属性。"信息熵"是样本集纯度的一种度量指标，也叫信息不确定程度。假定 D 为样本集合，$P_k(k=1,2,3,\cdots\cdots|y|)$ 表示 D 中第 K 类样本所占的比例，信息熵的定义为：

$$\text{Ent}(D) = -\sum_{k=1}^{|y|} P_k \log_2 P_k \tag{2-1}$$

公式中的 $\text{Ent}(D)$ 值越小，则样本集 D 的纯度越高。"信息增益"是由样本集 D 被属 a 划分后得到的，其公式可以表示为：

$$\text{Gain}(D,a) = \text{Ent}(D) - \sum_{V=1}^{V} \frac{|D^V|}{|D|}\text{Ent}(D^V) \tag{2-2}$$

$\{a^1, a^2, a^3, \cdots, a^v\}$ 表示离散属性 a 的 V 个可能的值，D^v 表示第 v 个分支节点包含样本集 D 中所有在属性 a 上取值为 a^v 的样本[47]。$|D^V|/|D|$ 是赋予分支节点的权重，可见包含样本越多的节点所占的权重越大，所以在用属性 a 对样本进行划分以后得到的纯度越高，分类效果越好。

最后就是要给决策树剪枝，因为在决策树的学习过程中，会连续地分裂节点以达到能准确地分类训练样本的效果。这就会导致决策树划分出了很多的分支节点，此时决策树能很好地拟合训练样本，但将测试样本放到该模型中的时候分类效果不佳。这是由于模型将训练样本自身特有的特征一般化了，所以我们需要采用剪枝操作来防止决策树过拟合。即通过剪枝将那些非常极端的只适合某些特定样本的枝叶剪掉，让决策树的泛化能力更强一些。

2. 随机森林

随机森林(random forest)属于集成学习方法，属于 Bagging 类型，是一种组合而成的分类器。它在原始数据集中随机抽取部分样本进行决策树建模，最后将这些构建好的模型组合起来，通过举手表决的方式得出最终的分类结果[48]。随机森林的本质就是多棵决策树的组合，用以提高自身的分类或预测效果，就如同多人参加会议，各自发表自己的意见，然后举手表决得出结果。因此构成随机森林的决策树越多，性能越好，预测越准确，也不易出现过拟合现象，但计算速度会减慢。随机森林构建过程分为如下三个步骤。

第一步是要抽取样本构建训练数据集。要构建 N 棵决策树就需要 N 个训练数据集，这 N 个数据集都是从原始数据集随机抽取，在抽取的方法上主要包括不放回抽样和有放回抽样。不放回抽样每次抽取完以后数据量会减少，而且抽取到的数据不能重复。有放回抽样又分为以下两种抽样方式：无权重抽样和更新权重抽样，也称为 Boosting 方法，后者即采用有放回抽样，先为抽到的训练集赋予权重，然后在训练中对各权重进行调整，将分类效果差的训练集权重提高，使之在后续的训练中得到更高的关注。最后各训练集都会获得一个合适的权重，从而影响最终的分类结果。

随机森林算法在生成的过程中，使用的是 Bagging 方法。抽取的训练数据集大小约为原始数据集的 2/3，采用 Bagging 方法抽取训练数据集可以得到具有一定重复的样本，这能使产生的决策树泛化能力更强，不至于产生局部最优解。

第二步是构建多棵决策树，在步骤一中抽取的训练数据集中随机抽出训练集的 k 个特征形成子集，并用它们来训练一棵决策树，但不剪枝。决策树构建的关键是节点分裂，不同的决策树构造算法有不同的分裂规则。随机森林在进行节点分裂时，需选取 K 个属性参与属性指标计算。K 表示参与的属性数量，也是随机特征变量，用于减少决策树之间的关联性，同时提升每一棵决策树的分类准确度。随机特征变量的产生方式也有两种，最常使用的是 Forestes-RI 方法[49]。

最后一步是要将构建的多棵决策树模型形成森林，并执行算法。重复执行步骤二，形成大量的决策树，就构成了随机森林。随机森林算法在执行过程中采用举手表决的方式处理分类结果，举手最多的分类结果将作为最终输出。

3. 支持向量机

支持向量机(supprot vector machine，SVM)是一种经典的分类模型，SVM算法是求解凸二次规划的最优化算法[50]。SVM 与感知机不同，它是一种间隔最大的线性分类器[51]。目前，支持向量机在很多领域已经有了很广泛的应用，如模式识别、密度估计等。其中，模式识别是支持向量机当前最主要的应用。在支持向量机的应用领域中与图像处理相关的应用有很多，如人脸识别、故障诊断、波形识别等[52]。

支持向量机依据数据特征的不同可划分为：线性可分支持向量机、线性支持向量机以及非线性支持向量机。此三种模型复杂度依次增加，线性可分支持向量机是后面两种支持向量机的基础和特例。支持向量机将输入映射到特征空间，并且每个输入都有一个特征向量与之对应，所以支持向量机是在特征空间进行学习。支持向量机的学习旨在求得一个最优的超平面将训练数据正确划分。对线性可分支持向量机可以采用硬间隔最大化在众多的超平面中找到最优的划分超平面。其中数据集为 $D\{(x_1, y_1), (x_2, y_2), (x_3, y_3)\cdots(x_m, y_m)\}$，其中 w 表示超平面的法向量，b 表示截距，其超平面可以写成：

$$W^* \cdot X + b^* = 0 \tag{2-3}$$

得到的分类决策函数为：

$$f(X) = \text{sign}(W^* \cdot X + b) \tag{2-4}$$

对于给定数据集 D 和超平面(w, b)，定义超平面(w, b)关于样本点(x_i, y_i) 的函数间隔为：

$$\hat{\gamma}_i = y_i(w \cdot x_i + b) \tag{2-5}$$

这里注意到当法向量 w 和截距 b 等比例变化时表达的超平面不变，所以仅用函数间隔不能准确表达出超平面，因此我们引出了几何间隔：

$$\gamma_i = y_i \left(\frac{w}{\|w\|} \cdot x_i + \frac{b}{\|w\|} \right) \tag{2-6}$$

函数间隔与几何间隔的关系：

$$\gamma_i = \frac{\hat{\gamma}_i}{\|w\|} \tag{2-7}$$

因几何间隔最大值是唯一的，所以求解的分类超平面也是唯一的，构造并求解约束最优化问题：

$$\min_{w,\,b} \frac{1}{2} \| w \|^2$$

$$\text{s.t.}\quad y_i(w \cdot x_i + b) - 1 \geq 0, \quad i = 1,\,2,\,3,\,\cdots,\,N. \tag{2-8}$$

求解得到 w^*，b^*，然后由此得到分离超平面：$W^* \cdot X + b^* = 0$，以及分类的决策函数 $f(x) = \text{sign}(w^* \cdot x^* + b)$。

对于线性支持向量机，在模型的训练方法上与线性可分的支持向量机不同，因此上面的训练方法在线性不可分训练数据集上是不适用的。因为此时上述方法中的不等式约束并不适用，所以我们转为采用软间隔最大化来达到求解的目的。

对于非线性支持向量机，无法直接用线性模型将数据集分隔开，这种情况下我们一般使用空间变换将原空间的数据映射到新空间，以达到提升维度的作用，因为数据在低维空间线性不可分，将它的维度升高以后就可能达到线性可分的效果。接着在新空间中用线性可分的学习方法进行求解。

4. 逻辑回归

逻辑回归（logistic regression）从字面上看像是一个回归模型，但事实上它是一种分类模型，回归问题的模型更倾向于小区域的一个输入 x 对应着一个输出 y，是一种连续性的值。而分类问题的输出 y 则更离散化一些，通常是一个 y 对应于一定范围内的多个 x。逻辑回归是线性回归加上激活函数用于分类。也因此逻辑回归与线性回归常常被放在一起进行比较。线性回归就是要找出一条直线能较为准确地描述数据之间的关系。当出现新的数据时，就能够预测出一个简单的值。而逻辑回归的本质是将线性回归的结果输入一个函数（如：sigmoid 函数），从而变成了一种分类算法。所以逻辑回归求解分类问题的过程就是对曲线的拟合过程，并由 sigmoid 函数将结果压缩到 0 到 1 之间。当映射后的结果大于 0.5 时则认为是一个正的分类，小于 0.5 时被认为是一个负的分类。同线性回归一样，逻辑回归也是先找到一个预测函数，然后由极大似然法推导出损失函数，再由梯度下降法或正规方程解来使损失函数达到最小，也即使找到的曲线与数据集的差距最小的解。构造预测函数是逻辑回归中的一个重要环节，其中 x_i 表示模型的输入分量，即样本中的具体数值，θ_i 是学习参数：

$$h_\theta(x) = \frac{1}{1+e^{-z}} = \frac{1}{1+e^{-\theta^T x}}$$

$$Z = \theta_0 + \theta_1 x_1 + \theta_2 x_2 + \theta_3 x_3 + \cdots + \theta_n x_n = \theta^T x \qquad (2\text{-}9)$$

其中 sigmoid 函数为：

$$y = \frac{1}{1+e^{-x}} \qquad (2\text{-}10)$$

通过极大似然法，先取对数然后求解代价函数，所求的代价函数为：

$$J(\theta) = \sum_{i=1}^{n} \{ y_i \log h_\theta(x_i) + (1-y_i)\log[1-h_\theta(x_i)] \} \qquad (2\text{-}11)$$

使用梯度下降算法迭代至 θ 收敛，最后将得到的结果映射到 sigmoid 中即可找到分类超平面[53][54]。

二、深度神经网络

(一)神经网络(ANN)

神经网络即人工神经网络(artificial neural network，ANN)是由简单神经元经过相互连接形成的网状结构，通过训练来调整各连接的权重，进而实现感知判断。神经网络的概念早在 20 世纪 40 年代就被提出，到目前为止"神经网络"家族已经发展得十分庞大繁杂，功能也日益丰富和完善，并在疾病诊断、手写体识别以及机器的故障诊断等领域得到了广泛的应用。其结构如图 2-1 所示：

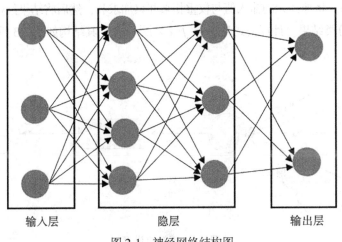

输入层　　　　　　　　隐层　　　　　　　　输出层

图 2-1　神经网络结构图

1. 神经网络模型

前馈神经网络是一种单向多层网络结构，也就是信息从输入层开始，逐层向一个方向传递，直到输出层结束[55]。"前馈"指的是信号传递方向为向前传播，网络拓扑结构上不存在环路。并且在训练期间不断调整各层的权值参数，从而实现使用权值参数对特征的记忆。1989 年，Hornik 等证明，只需要一个包含足够多神经元的隐层，多层前馈神经网络就能以任意精度逼近任意复杂度的连续函数[56]。前馈神经网络结构如图 2-2 所示：

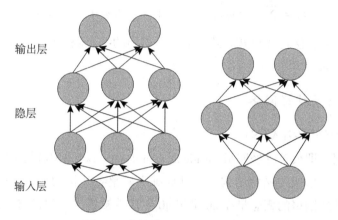

图 2-2 前馈神经网络结构示意图

感知机[57]是一种最简单的前馈神经网络，它主要用于解决分类问题。一个感知机可以接受 n 个输入$(x_1, x_2, \cdots, x_n)$，对应 n 个权重$(W_1, W_2, \cdots, W_n)$，还有一个偏置项阈值 b。将神经元的输入值与权重相乘并累加求和，然后将结果经过激活函数变换得出分类结果。计算公式为：$y = f(x \times w + b)$。其结构如图 2-3 所示：

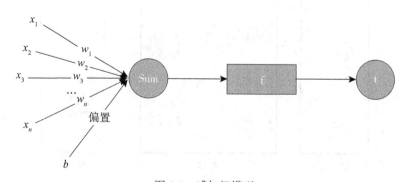

图 2-3 感知机模型

感知机只能对简单的线性问题进行分类，例如对"与"和"或"关系的分类能取得很好的效果，但是对于"异或"这种非线性的关系就不能处理了，如图2-4所示。

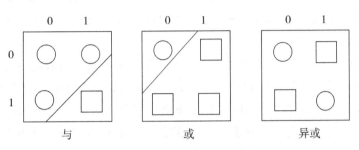

图2-4　感知机进行线性分类

BP（back propagation，反向传播）算法是一种经典的神经网络训练方法，很多类型的神经网络采用 BP 方式进行训练。其训练过程一般为：先初始化网络权值和神经网络的阈值（一般采用随机化方式），经过前向传播计算隐层和输出层的输出，并通过损失函数对前向结果进行判定，然后通过反向传播利用梯度下降法来修正各层网络中神经元之间的权重。反复迭代上述过程，直至满足终止条件为止。

RBF（radical bas is function，径向基函数）网络是一种最基础的神经网络，一般分为三层，也属于前馈神经网络结构，并且只有一个隐层，结构较为简单。RBF 网络仿造人脑中的感受野机制，可以用来提取物体的局部信息，因此 RBF 网络也是一种局部近似网络。

SOM（self-organizing map，自组织映射）网络。在生物学研究中发现，人脑皮层对外界刺激的处理是分区的，大脑皮层的细胞相互竞争学习，最后发育成为只对特定性质的刺激敏感的区域。自组织映射神经网络模型便是根据这一特点提出的，该模型会自动对输入信息的特征进行竞争学习，从而不断调整各神经元之间连接的权重值，进而组织成不同的区域。并且这些区域能对输入有不同的响应特征。竞争学习属于无监督学习，竞争是指同层的神经元之间的竞争。并且只需要提供训练的样本，而无须进行标注。网络会依据输入样本自组织映射，最后实现分类以及自动排序。

2. 神经网络中的相关概念

（1）激活函数。神经网络模型在拟合非线性和较复杂的函数时都需要引入激活函数，导致构造的网络结构具有非线性的特性，这就使得非线性问题也可以由神经网络模型来解决。如果没有激活函数，那么每层输出都是上一层输出的线性变换，这就使得神经网络退化成了最基础的感知机。激活函数常常具有可微、非线性、单调、计算简单的特点。sigmoid 函数、tanh 函数、ReLu 函数等都是常用的激活函数。还可以根据自己的需要来设计激活函数如 Leak RuLu。

（2）损失函数，也称代价函数，用来衡量实际值与预测值之间的误差，这两个值越接近，说明模型的拟合能力越强，损失函数越小；反之损失函数越大。当损失函数较大时，对应的梯度下降较快并通过最小化实际值与估计值之间的平方误差作为代价函数。合适的代价函数可以确保模型更好地收敛，常用的代价函数有：均方差损失函数，Softmax、交叉熵损失函数等。

（3）学习率，也称学习步长，用来控制每次更新参数的幅度，学习率太高或者太低都会对模型带来不利的影响，合适的学习率可以加快模型收敛的速度。如何调整学习率，选择最优的学习步长是影响训练时长的一个很重要的因素，常见的学习率调整方法有：动手调整（基于经验）、随机梯度下降、固定学习率、Adam 自动调整。

（4）过拟合。过拟合是指用训练样本将模型训练得"太好了"，使得模型十分贴合训练数据集，但在测试集上效果较差，决策树中的剪枝操作就是为了防止模型过拟合。另外，如提前终止、Dropout、参数范数惩罚（增加惩罚性成本函数，正则化）等方法都是为了解决过拟合问题。

（5）模型训练中的问题。如何选择恰当的激活函数，权重的初始值该赋多少，学习率设置多大，训练迭代多少次才能达到最优的效果，以及训练过程取得的效果如何可视化都是在训练一个神经网络模型时需要解决的问题。

（二）卷积神经网络（CNN）

1. 卷积神经网络概述

卷积神经网络（convolutional neural network，CNN）是对 BP 神经网络的一种改进，因为当 BP 神经网络的隐层超过 3 个时，由于各层采用全连接，每个连接的权重都不同，还有偏置，这就导致全连接的网络陷入了维度灾难（内存、计算量需求巨大，训练困难）。于是为了解决这一灾难，计算机科学家设计出了卷积神经网络，它模拟了人脑的感受野机制进行局部感知，采用共享权重的方式减小计算量并运用池化方式来精简特征空间，从而优化了网络结构，同时最大限度地保留了样本的特征。局部感知是指神经网络的节点只需要提取出图像局部的特征，而不用感知全局图像。人的大脑皮层是分区的，当视觉信号的神经脉冲传递到大脑皮层后，不同的分区感受不同的特征，各层经过对比后汇总结果，从而产生视觉。也因此卷积神经网络对图像的局部有着较为准确的识别能力，并且与其他图像识别算法相比卷积神经网络模型只需要较少的预处理时间和较少的运行内存[58]。

在数学信号处理中提出的卷积公式 $J_{卷}(n) = \int_{-\infty}^{+\infty} f(x)g(n-x)\mathrm{d}x$，通过画两个原函数以及得出的卷积函数的图像可以发现，经过卷积操作后的卷积函数可以保存两个原函数的特征，因此可以使用一个函数作为输入，另一个函数当作卷积核，这样就可以将图像中的特征提取出来。如图 2-5 所示，图中 A 相当于函数 $f(x)$ 而 B 相当于 $g(x)$。如何对图像进行卷积操作呢？首先将图像进行编码，得到类似图 2-5 中 A 的结构，然后依据需要选取卷积核（图 2-5 中的 B），先将核 B 与图像 A 对应区域相乘相加得到新图的一个像素点，然后按步长移动卷积核计算下一个像素点，重复此过程直到全部覆盖原图像。输出的特征图的宽度可以由以下公式计算：

$$N_{\text{out}} = \left| \frac{N_{\text{in}} + 2p - f}{s} + 1 \right| \tag{2-12}$$

其中 p 代表 padding 值，即卷积边缘补充的宽度，f 表示卷积核大小，s 表示移动步长。通过卷积操作可以将图中的边缘、线条等特征压缩保留，并且卷积核越小保留的特征越详细。

2. LeNet5

LeNet5 是比较早期的卷积神经网络，由 Yann LeCun[59] 教授于 1998 年提出，它在手写体识别方面取得了很大成功，正确率高达 99%。LeNet5 模型的结构如图 2-6 所示，输入层为 28×28×1 的灰度图像，周围有 2 个填充像素（padding=2），构成输入图像（32×32×1），C_1 为卷积层，主要的作用是提取特征。它使用的卷积核为 5×5×6（6 个通道），经过卷积操作得到的输出为 28×28×6。此卷积操作涉及 5×5×1×6+6=156 个参数，其中有 6 个参数为偏置值。S_2 为池化层，主要起到特征压缩的作用，以加快图像的特征获取。本层采用的卷积核大小为 2×2，长宽移动步长均为 2，经池化操作输出大小为 14×14×6，参数个数为 6×2（每个核共享权值和偏置）。池化层的作用是压缩模型的规模、减小计算量，从而提升计算速度以及获取的特征的健壮性。C_3 也是卷积层，这一层的卷积操作是整个模型中最为复杂的。采用的卷积核大小为 5×5×

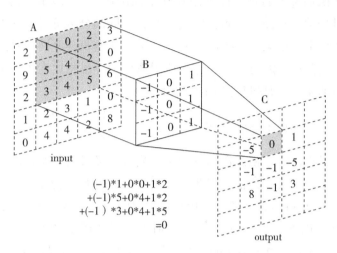

图 2-5　卷积操作过程

16(16 个通道)，S_2-C_3 是做的多通道卷积，移动步长为 1。具体卷积规则如表 2-1 所示，第 1 个卷积核与前 3 个特征图做卷积操作然后融合，第 2 个卷积核与第 2 到 4 这三个特征图做卷积操作然后融合，后面剩余的 14 个通道也依此类推先做卷积操作然后融合。最后得到的输出为 10×10×16，这一层一共有 5×5×16+16 个参数。S_4 为池化层，得到输出 5×5×16，最后的 2 层均为全连接层，最后输出大小为 10 即 0 到 9 个数字的分类。C_5 层所需参数个数为 5×5×16×120+120，由此可见全连接层的参数个数要比卷积层多得多，计算速度较慢。

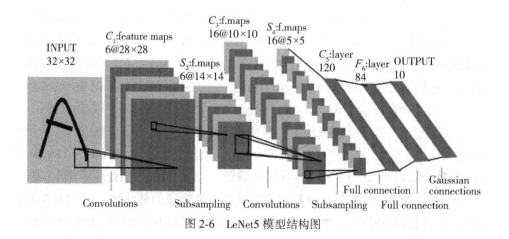

图 2-6　LeNet5 模型结构图

表 2-1 　　　　　　　　　　　S_2–C_3 卷积操作表

	0	1	2	3	4	5	6	7	8	9	10	11	12	13	14	15
0	X				X	X	X			X	X	X	X		X	X
1	X	X				X	X	X			X	X	X	X		X
2	X	X	X				X	X	X			X		X	X	X
3		X	X	X			X	X	X	X			X		X	X
4			X	X	X			X	X	X	X		X	X		X
5				X	X	X			X	X	X	X		X	X	X

　　LeNet5 卷积神经网络的训练过程：首先对权值进行初始化，输入数据到网络中并得到输出值，然后将输出值与真实值之间的误差逐层传递回模型网络中，并调整权值和偏置值，重复此过程，当误差小于期望值时训练结束[38]。

　　3. AlexNet

　　AlexNet[60]是在 2012 年提出的一种卷积神经网络模型，它证明了 CNN 在复杂模型下也具有较好的处理效果。采用两块 GPU 同时运行，使得模型的训练时间大大缩短，AlexNet 利用 CNN 的精度远超传统的网络，推动了有监督深度学习的发展[21]。它的模型结构如图 2-7 所示。

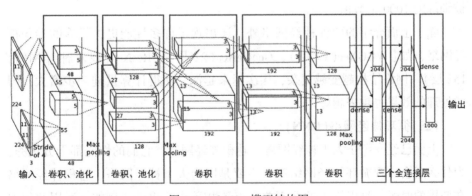

图 2-7　AlexNet 模型结构图

　　卷积层 1：输入为 227×227×3，核大小为 96 个 11×11×3 的卷积核，步长为 4，分别在两个 GPU 上做卷积操作，输出为 2 组 55×55×48 的特征图，再经由 relu 激活函数得到的输出不变。最大池 1：核大小为 3×3，步长为 2，输出为 2 组 27×27×48 的特征图。再经由归一化提高精度，得到的输出不变。

卷积层 2：与第一层卷积过程一致，输入为 2 组 27×27×48 的特征图，核大小为 256 个 5×5×48 的卷积核，填充像素为 2，步长为 1，得到输出为 2 个 27×27×128 的特征图。最大池化 2：核大小为 3×3，步长为 2，输出为 2 组 13×13×128 的特征图。

卷积层 3：输入为 2 组 13×13×128 的特征图，核大小为 384 个 3×3×128，填充像素为 1，步长为 1，得到输出为 2 组 13×13×192 的特征图，再经过 relu，输出大小不变。

卷积层 4：与第 3 层卷积过程一致，最后输出也为 2 组 13×13×192 的特征图。

卷积层 5：输入为 2 组 13×13×192 的特征图，核大小为 256 个 3×3×192 的卷积核，填充像素为 1，步长为 1，输出为 2 组 13×13×128 的特征图，再经由 rule 激活函数，输出特征图大小不变，最大池化 3：核大小为 3×3，步长为 2，输出为 2 组 6×6×128 的特征图。

全连接层 1：采用 4096 个 6×6×128 过滤器对输入进行卷积操作，并由 4096 个神经元输出运算结果。再经由 relu 函数、dropout 层，最后经由 dropout 层得到 4096 个输出结果。全连接层 2 与第一层过程类似，输出也为 4096 个运输结果。全连接层 3 与全连接层 2 输出的 4096 个值全连接，经过训练后输出被训练的 1000 个数值。

除了上面介绍的两种神经网络外，还出现了许多性能更加优秀的卷积神经网络，如：VGGNet（19 层）、GoogleNet（22 层）、ResNet（残差神经网络，152 层）。网络结构越变越复杂，层次越来越深，使得计算量进一步增大，图像处理的效果也越来越好。

（三）循环神经网络（RNN）

上面已经介绍了人工神经网络、卷积神经网络，它们的性能都十分优秀，为什么还会出现循环神经网络呢？主要是因为人工神经网络、卷积神经网络在使用的时候都是以输入的元素之间互不相关为前提的，例如：运用卷积神经网络进行手写体识别时，每个手写数字无关；进行动物图片识别时，各种动物之间互不相关。而在实际生活中有很多时候输入是一个序列，前文的输入会影响后面的决择和预测。例如：视频内容的预测、文章前后内容预测等，正因有着巨大的需求和应用前景，循环神经网络(recurrent neural network，RNN)应运而生。

1. RNN 概述

RNN[61]是一种特殊的神经网络结构，它与 DNN，CNN 的不同之处在于：它不仅考虑了当前时刻的输入，而且赋予了网络对前面内容的一种"记忆"功能[24]。即在对当前节点进行计算时，RNN 会对前面的信息进行记忆并加入计算，在结构上表现为隐层之间的神经元是相互连接的，而且隐层的输入数据除了外部输入外，还有上一时刻隐层的输出。其网络结构如图 2-8 所示：$t-1$，t，$t+1$ 表示时间序列，X 表示输入的序列。S_t 为时刻 t 处的记忆，$S_t = f(W \times S_{t-1} + U \times X_t)$。$W$ 为前一时刻输出的权重，U 表示当前 input 样本的权值，V 表示输出的样本权值。RNN 的前向传递是按照时间序列来计算的，前面项得出计算结果后，会作为后面项的输入。参数更新也是使用基于时间序列的反向传播算法。

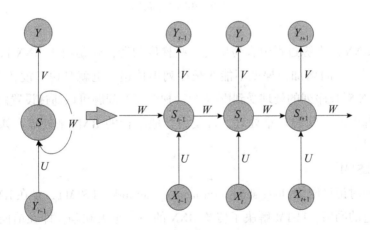

图 2-8　RNN 隐层展开图

从 RNN 的结构图中也可以很清楚地看出隐层的结构是重复排列的并且网络中的参数是共享的，这减少了网络的训练量也扩展了 RNN 输入序列的长度。RNN 只能依据之前时刻的时序信息来预测下一时刻的输出，而有些情况下输出值还可能受后面时刻输入的影响，例如："我的手机屏碎了，我打算__部新手机"，从这个情景中发现只看前面的内容似乎并不能得到准确的结果。

而看到后面的"新手机"才能确定其结果为"买"。由于对这种情况下单向循环神经网络无法处理，所以双向循环神经网络（BRNN）被提出，如图 2-9 所示，其结构与单向循环神经网络类似。只是在两个不同方向都有一个 RNN 并且连着同一个输出，对于任意时刻 t，BRNN[1] 中都存在前向传递和后向传递的 RNN 同时运行，网络的输出由这两个单向 RNN 共同决定。

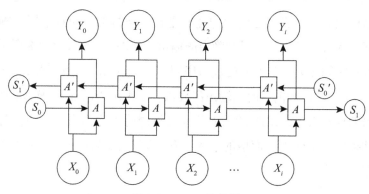

图 2-9　BRNN 结构图

在 RNN 的训练过程中容易出现一些梯度问题，这是由于 RNN 模型随着输入序列长度的增加，梯度不能在长序列中传递，也就是说梯度传递性低，导致 RNN 对长序列的处理受到影响[62]。梯度爆炸问题可以通过设置阈值来解决，而梯度消失问题较难处理，常使用其他结构的 RNN 来处理，如 LTSM、GRU 等[1]。

2. LSTM

长短时记忆网络（long short term memory network，LSTM），是在 RNN 的基础上改进的网络，LSTM 解决了传统 RNN 的一个重大缺陷，即在前向传播的过程中会出现梯度消失的问题[63]。其结构如图 2-10 所示，LSTM 通过三个非线性的"门"结构来实现长期或短期的信息记忆，让信息能在序列链中传递下去，也就是说即使较早时间步长的信息也能传递到较后的时间步长的细胞中来。这三个门结构分别为 input gate、forget gate 和 output gate。并且使用 sigmoid 函数作为输入，以向量乘法的结果作为输出，并根据此结果来计算得到是否激活该细胞。

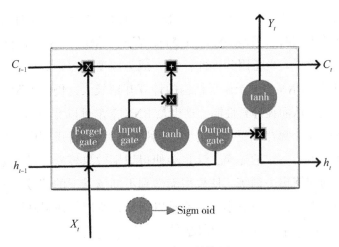

图 2-10　LSTM 结构图

遗忘门的功能是通过函数控制前一步长中信息的遗忘或保留，来自前一个隐藏状态的信息和当前输入的信息同时传递到 sigmoid 函数，sigmoid 函数将输入值压缩到 0 到 1 之间，靠近 0 则遗忘，靠近 1 则保留。

输入门用于更新细胞状态，确定当前输入中哪些信息需要被添加。将前一隐层和当前输入的信息一起传递到 sigmoid 函数中，将值压缩到 0 到 1 之间，从而决定更新某些向量。然后还需要将前一隐层状态的信息和当前输入的信息传递到 tanh 函数中，得到一个新的候选值向量。最后将 sigmoid 的输出值与 tanh 的值相乘，sigmoid 函数的输出将决定 tanh 的输出中哪些信息保留、哪些信息被遗忘[56]。

输出门用来确定 h_t 的值，首先将前隐藏状态 h_{t-1} 和当前输入传递到 sigmoid 函数中，并将结果传递到 tanh 函数。最后使两个激活函数的输出相乘得到当前隐藏层的状态 h_t。最后将 h_t 和新 c_i 传递到下一个 LSTM 中去。

3. RNN 的应用领域

RNN 作为一种优秀的序列建模神经网络，克服了传统机器学习方法对元素之间的诸多限制，比前馈神经网络有更强的动态行为和计算能力，RNN 在自然语言处理领域有着广泛的运用。在语言识别中，使用双向 LSTM 对英文集 TIMIT 进行语言识别，效果要比 HMM 和深度前馈神经网络更好。在机器翻译中，不同于"统计机器翻译"的方法，而是使用端到端的学习的 LSTM 对文本进行翻译。另外 RNN 在文本分类、词向量生成以及信息检索等领域也发挥着重要的作用，有着广阔的应用前景。RNN 与 CNN 结合应用于计算机视觉领域，如在字符识别时，采用 CNN 进行特征提取，并输入 LSTM 进行序列标注，达到了较好的效果。也正因为如此，RNN 成为深度学习领域里极为重要的一种模型。但是，RNN 中关于循环结构的计算开销较大，仍需不断改变循环结构中的计算组件从而提升其性能，这也是 RNN 未来可以努力的方向之一。神经网络完成的任务都存在泛化能力弱的问题。如在语音识别中，当说话人离麦克风较远产生了一定的噪声，这也会使得识别效果较差。目前是采用大量的尽可能多的训练集去训练，使模型能学到不同场景下的信号特征，但是会导致资源的巨大开销。一般小型企业难以承受，所以如何提高网络的泛化能力，也是未来研究中极有价值的课题[64]。

（四）生成对抗网络（GAN）

1. 生成对抗网络概述

生成对抗网络（generative adversarial network，GAN）是在 2014 年提出的一种深度学习模型，其目的是通过神经网络来生成数据，属于生成模型。与传统的神经网络相比，GAN 是一种全新的无监督模型，利用随机数据不断地学习真实的数据分布，最终生成与真实样本相似的数据。相比于其他生成类模型，GAN 不依赖于任何假设前提，克服了传统生成模型需要先假设数据服从某一分布的弊端。GAN 框架中包含生成器（G）和判别器（D），其具体结构如下图 2-11 所示。

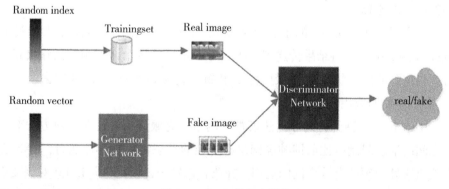

图 2-11　GAN 的基本结构

生成器（generator）：用于给定输入，负责生成整个 GAN 所需要的输出

(fake image)。

判别器(discriminator)：给定样本，判断这个样本的真伪(可以看作是一个二分类器)。

GAN 中生成器 G 与判别器 D 相互博弈，真实的训练数据集(见图 2-12 中的 training set)与生成器 G 产生的输出一同输入判别器 D 中进行判断，然后不断优化调整，使二者共同学习达到最优，也就是生成器 G 产生的输出，输入判别器后，判别器输出结果为 0.5(判定输入数据的真假)。在 GAN 中生成器 G 与判别器的关系就像枯叶蝶和鸟的关系一样，第一代枯叶蝶颜色很鲜艳，鸟 1 可以很容易分辨，但第二代的枯叶蝶进化出了和树叶一样的颜色，这时鸟 1 便难以通过颜色分辨，从而进化成鸟 2，通过翅膀上的纹路来分辨，到了第三代枯叶蝶进化出了类似叶脉的纹路，这个时候鸟 2 已经难以分辨第三代枯叶蝶，于是进化成鸟 3，通过翅膀上是否有斑点来分辨。在这个例子中枯叶蝶就是生成器 G，而鸟就是判别器，它们相互博弈双方都得到发展和完善，直到最后判别器(鸟)不能分辨出生成器生成的图片(枯叶蝶)为止。反映在 GAN 上就是判别器 D_1 能很容易分辨出真图和生成器 G_1 产生的假图，而通过判别器反馈的误差优化 G_1 后得到生成器 G_2，产生的假图便能骗过判别器 D_1，此时再次训练判别器，得到的 D_2 能很轻松地分辨出 G_2 产生的假图。这时再次训练生成器，得到 G_3，G_3 产生的假图 D_2 便不能分辨了，然后再次训练判别器，得到 D_3，D_3 便能分辨出 G_3 产生的假图，像这样交替训练下去直到分辨器无法判别出生成器产生的假图为止。

可见，GAN 是一种通过对抗过程调整参数并产生输出的生成类模型框架。在模型的构建阶段，需要训练生成器 G 和判别器 D。生成器 G 接收一个隐变量 Z(服从正态分布的噪声)产生假数据 x_f 映射到数据空间中，而判别器 D 输出的是单个标量，用于判断输入的数据是否为真实样本 x_r，$D(x)$ 表示数据 x 的来源为真实数据而非生成数据 P_g 的概率。在这个过程中判别器 D 与生成器 G 轮流训练(先训练 D，然后训练 G)，要骗过判别器 D，我们就要使生成样本的判别概率 $D[G(z)]$ 最大，也就是最小化 $\log\{1-D[G(z)]\}$。训练过程就是对生成器价值函数 $V(G, D)$ 进行极小极大化博弈的过程[65]，其中价值函数为：

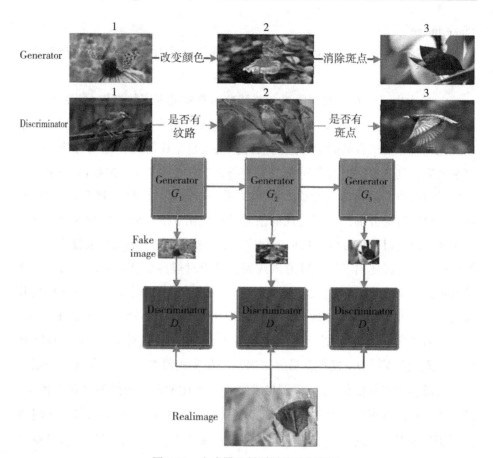

图 2-12　生成器和判别器关系原理图

$$\min_{G} \max_{D} V(D,\ G) = E_{x \sim p_{\text{data}}(x)} \big[\log D(x) \big] + E_{z \sim p_z(z)} \big(\log \{ 1 - D[\, G(z)\,] \} \big)$$

$$(2\text{-}13)$$

式中 $E_{x \sim p_{\text{data}}(x)} \big[\log D(x) \big]$ 用于判别输入样本 x 为真实样本的对数损失函数的期望值，使之越大就可以认为判别器预测得越准确，另一项 $E_{z \sim p_z(z)} (\log \{ 1 - D[\, G(z)\,] \})$ 是生成器的对数损失函数的期望值，由于 $D[\, G(z)\,]$ 的范围在 0 到 1，因此 $\log \{ 1 - D[\, G(z)\,] \}$ 为一个负值，要使价值函数最大，即 $\log \{ 1 - D[\, G(z)\,] \}$ 最大，必有 $D[\, G(z)\,] \approx 0$，也就是说在固定生成器时（没有欺骗 D）使得判别器的目标函数最大化。可以证明，当生成器 G 和判别器 D 有足够的训练时，模型能够收敛。此时判别器对所有样本的预测值均为 0.5，即无法区分出真实样本和生成样本。

2. GAN 的应用

2014 年 GAN 刚刚产生时，生成 32×32 的灰度图都很困难，到 2017 年 proGAN 已经能生成 2K 的高清图片。可以看出在不到 5 年的时间里 GAN 的理论在不断完善，模型在不断改进。由于 GAN 生成模型理论中不需要任何的前提假设，也不需要任何显示建模的数据分布，就能生成高质量的样本，因此 GAN 在图像、文本、语音等众多领域都有着广泛的应用前景。

在图像领域中，图像转换指将一张原始图片转换为另一目标图片，在转换的过程中会保持图像内容不变，包括有成对数据的图像转换和无成对数据的图像转换。如将边缘图转化为真实图、将分割图转换为街景图、黑白图转换为彩色图等，这些都是有成对数据的图像转换。完成这些工作最典型的就是使用 Pix2pix 算法，该算法用数据对训练 GAN，在 GAN 的损失函数中添加了逐像素差损失，能生成更清晰的图像。Pix2pix 的框架十分简洁优雅，为图像转换问题提供了通用的框架[37]。关于无成对的图像转换问题，最典型的例子是 CycleGAN，它的出发点与 Pix2pix 不同，不要求提供 image pairs，因为输入数据集和生成样本之间没有什么较好的关联，几乎为两幅不相关的图像，如将油画转换为真实图像、将斑马转换为马、将夏景转换为冬景、将照片赋予凡·高、莫奈的绘画风格等。CycleGAN 在源域和目标域之间无须建立一对一的联系，便可以实现这种图像迁移。另外 CycleGAN 采用了双判别器并在基础的 GAN 损失函数中加入 cycle-loss，防止了过拟合，保证了生成样本保留原始图像的特性[66]。另外 GAN 还可以用于丰富图像将模糊的图像变得更加清晰。如 SPGAN 中采取感知损失和 GAN 技术生成了细节丰富的图像。感知损失关注的重点并非传统的输出逐像误差，而是中间层的误差，这样避免了生成的清晰图像缺乏细节纹理信息的问题。

在生成序列领域中 GAN 也有着广泛的应用。它在文本和语音领域没有在图像领域应用得那么广泛，主要是因为文本和语音是一些离散的数据，而 GAN 对离散的数据进行优化时有诸多不便，并且对生成的语音和文字判别器无法给出准确的判断。因此在音乐生成上较早出现的 WaveNet 是一种全卷积的自回归序列模型，它可以生成很真实的语音样本，但是效率很低下，训练成本较高。MelGAN 的出现大大提升了音频建模的速度。MelGAN 采用非自回归前馈卷积架构，生成了高质量的语音模型[67]。最后 GAN 在一些其他领域，如利用判别器进行半监督学习、医学图像分割、连续学习等方向也有着丰富的应用。

第二节　基于图像内容深度理解的跨媒体
热点话题检测与跟踪

为了利用图像信息结合短文本来提高话题检测的性能，本书提出了一种新的四阶段框架。首先是数据预处理。其次利用深度学习通过图像理解来丰富短文本信息。再次使用改进的潜在 Dirichlet 分配算法对图像有效词对进行优化，用以提高主题词提取的准确性。最后结合文本和图像进行话题检测，采用基于主题词的模糊匹配挖掘出相应的主题。本书在传统的话题检索模型中融入了图像内容，用图像自动标注技术理解图像语义信息，增强短文本语义空间，有效缓解短文本信息量少、噪声大的问题。

一、图像和短文本融合的热点话题检测与跟踪

(一) 整体架构

本书所提出的框架如图 2-13 所示。从图中可以看出，该框架包括四个阶段，分别是文本预处理、图像理解、改进的 LDA 和话题检测。首先，通过网络爬虫获取了 twitter 的图像和文本数据。在文本预处理阶段，将从 tweets 中提取的术语作为文本特征处理。由于用户提供的标签信息有噪声，文本词通过词干提取、特殊字符删除等方式进行删除。在图像理解阶段，通过深度学习将图像内容处理成可分析的文本语义信息并将与文本信息结合，从而精确地丰富语义空间。在改进的 LDA 阶段，针对 LDA 模型基于词对检索主题的特性，我们详细描述了通过优化图像词对有效性的方法改进 LDA 模型，使 LDA 模型适应文本图像融合的模式。在话题检测阶段，我们根据话题词模糊匹配模型检测对应话题内容。

(二) 图像处理

在获取了 twitter 图像和文本信息后，我们通过图像理解翻译图像内容并用其增强短文本语义空间。我们从 twitter 中获取图像数据之后，利用 CNN 卷积神经网络在描述层提取图像特征，在认知层用 MSCOCO 数据集作为知识库来预训练，并用成熟的图像自动标注算法最终获得图像内容的语义信息。

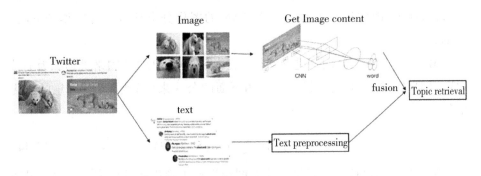

图 2-13　新话题检测框架流程图

如图 2-14 所示，生成图像描述主要分三步：

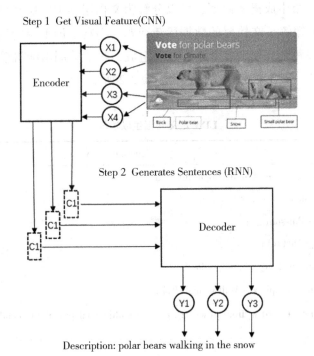

图 2-14　Neutral Image Caption（NIC）结构图

第一步，通过 CNN 来识别图形特征。图片和 words 被映射到相同的空间，
image 通过 CNN 映射，words 通过一个 word embedding we 映射，最终获取图片

中各个物件的具体含义。通过 CNN，输入 image 可以被 embedding 为 a fixed-length vector。因此通过预训练一个 CNN 的图像分类任务，可以得到 image encoder。

第二步，用 LSTM 网络进行解码。在本模型中，LSTM 网络被训练为一种以图像编码为条件的语言模型。使用下面的公式来"解码"得到理想的输出语句。

$$\theta^{*} = \arg \max_{\theta} \sum_{I,\,S}^{n} \log p(S \mid I;\ \theta) \qquad (2\text{-}14)$$

第三步，通过这一公式最大化对图像进行正确描述的概率，获取到最终的图像描述信息。θ 指模型的参数，I 表示一张图像，S 是它对应的翻译结果。

（三）优化 LDA 模型

1. 传统 LDA 模型

LDA 是一个生成概率模型，可以分解为文档层、主题层和词汇表层。图像描述的融入缓解了文档层的数据稀疏问题，丰富了词汇层的语义内容。同时，LDA 假设每个文档由多个话题混合组成，每个单词由随机确定的话题产生。LDA 定义一篇文档 d 的生成过程如表 2-2 所示。

表 2-2　　　　　　　　　　　　**LDA 定义文档生成过程**

Algorithm	Generative process
Input：Vmatrix, β；the Dirichlet topic prior，α；	
Output：a document，$\{w_1,\ w_2,...,\ w_N\}$	
1：Generate $N \sim \text{Poisson}(\xi)$；	
2：Generate $\theta_d \sim \text{Dir}(\alpha)$；	
3：For each i in $\{w_1,\ w_2,...,\ w_N\}$ do	
4：　　Generate a topic $z_i \sim \text{Multinomial}(\theta_d)$；	
5：　　Generate a word w_i from $p(w_i \mid z_i, \beta)$，a multinomial probability conditioned on the topic z_i；	
6：Return $\{w_1,\ w_2,...,\ w_N\}$	

如上表所示，α 和 β 都是语料库级的参数；θ 是文档层变量；Z_i、w_i 是词汇层变量；N 表示文档 d 中的单词个数。对于确定的 α 和 β，一个文档 d 的混

合主题比例 θ_d、主题集合 $z = \{z_1, \cdots, z_n\}$、单词集合 $w = \{w_1, \cdots, w_N\}$ 的联合分布可以用公式(2-15)表示：

$$p(\theta_d, z, w \mid \alpha, \beta) = p(\theta_d \mid \alpha) \prod_{i=1}^{N} p(z_i \mid \theta_d) p(w_i \mid z_i, \beta) \qquad (2\text{-}15)$$

其中，α 是 k 维向量；β 是 $K \times V$ 的矩阵，K 是主题数，V 是语料库中不同单词的数量；w_i 是文档 d 中的第 i 个单词，Z_i 是文档 d 中第 i 个单词的主题；$p(z_i \mid \theta_d)$ 是文档 d 中第 i 个单词主题为 Z_i 的概率，用 $p(w_i \mid z_i, \beta)$ 来表示根据 Z_i 和主题-词矩阵 β 选择 w_i 的概率，通过对二者求积再乘上由先验分布 α 决定的 θ_d 的概率，就能计算出 θ_d、z、w 的联合分布。基于公式(2-3)，文档 d 的生成概率可以用公式(2-16)来表示：

$$p(d \mid \alpha, \beta) = \int p(\theta_d \mid \alpha) \left(\prod_{i=1}^{N} p(z_i \mid \theta_d) p(w_i \mid z_i, \beta) \right) d\theta_d \qquad (2\text{-}16)$$

其中 α 和 β 是 LDA 从语料库中学习得到的。LDA 训练好后，会生成主题-单词矩阵。它记录了 $p(w \mid z_{l;k})$。对于每一篇新的文档，我们可以利用 LDA 的主题-单词矩阵，推测出文档最有可能的主题。运用 LDA 对融入图像语义信息的语料库进行推断，本书得到了 K 个话题词袋。

2. 包含图像内容的 LDA 主题模型

在文档生成模型中，一篇文档的生成是基于某个规则对单词一定概率分布下的抽样，这些规则包括潜在变量的假设。在 LDA 主题模型中，这些潜在变量就是文档的主题，为拟合假设的模型，需要通过文档中的词对来筛选能较好描述模型的主题。传统的纯文本信息通过简单的预处理，去停用词、分词将完整的文档表示成有效词对集合，再根据词对来检索主题。但是，基于图像自动标注的图像内容理解存在一定的狭义性，会含有不同类别图像都共有的共现词对。用这些图像内容增强短文本语义信息，不仅没能有效减少短文本信息噪声大的问题，还使原本不相关的短文本增强了相关性，影响最终的话题检索效果。因此，需要对传统的预处理方式进行改进。

如图 2-15 所示，为了降低图像内容的噪声，我们提出了一种新的方法。针对图像描述的有效词对筛选方法来减少图像内容的噪声。首先通过关键词搜出大量与该关键词相关的图像，然后对这些图像进行图像描述生成，得到记录每张图像的描述文本，并计算其中词对出现的频次，我们定义了一个标准 x，筛选出词频高于 x 的词对，并在其中去掉常用词、停留词，最终留下的就是该关键词的有效图像描述词对。最后处理该关键词的图像描述时，留下存在于该关键词有效图像描述的词对，并融合到文本中。图 2-16 所示的是 10 个关键词的图像描述有效词对。

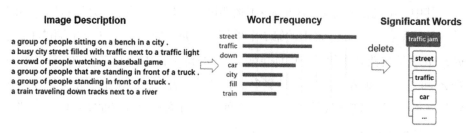

图 2-15　图像描述处理

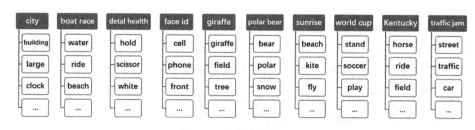

图 2-16　话题有效词对

　　通过筛选图像描述中的有效词对，既保留了图像内容丰富的语义信息，又排除了图像自动标注技术带来的大量噪声词，有效提高了 LDA 模型对通过图像内容加强文本语义空间之后的话题检索效果。

(四)话题检测

　　为了检验话题词袋的准确性，本书利用 Levenshtein distance(简称 Lev)衡量相似度[68]，用 Fuzzywuzzy 实现相似度计算，进行话题聚类。相似度值(简称 sim)用公式(2-17)来计算。

$$sim = \frac{Max(l_x, l_y) - Lev}{Max(l_x, l_y)} \tag{2-17}$$

　　其中，l_x，l_y 为源字符串 x 与目标字符串 y 的长度；$Max(x, y)$ 为二者的最大值；Lev 为矩阵 matrix$[l_x][l_y]$ 的值，matrix$[lx][ly]$ 可以用公式(2-18)来表示，matrix 的第一行为 $[0, 1, 2, \cdots, l_y]$，第一列为 $[0, 1, 2, \cdots, l_x]$。

$$
\text{matrix}(l_x, l_y) =
\begin{cases}
\max(l_x, l_y) & \text{ifmin}(l_x, l_y) = 0, \\
\min\begin{cases}
\text{matrix}(l_x - 1, l_y) + 1 \\
\text{matrix}(l_x, l_y - 1) + 1 \\
\text{matrix}(l_x - 1, l_y - 1) + 1_{(l_x \neq l_y)}
\end{cases} & \text{, otherwise.}
\end{cases}
$$

$$(2\text{-}18)$$

算法的输入为由 LDA 得到的 K 个话题词袋 $\{B_1, B_2, \cdots, B_K\}$、相似度阈值 S、语料库 M，输出为 K 个聚簇。首先，以 $\{B_1, B_2, \cdots, B_K\}$ 作为质心，初始化聚簇；其次对每一个 B_i，$i \in [1, K]$，利用公式(2-2)计算它与 M 中每一个文档 d 的 sim，如果 sim $> S$，则将 B_i 与 d 归为一类；最后，得到以 $\{B_1, B_2, \cdots, B_K\}$ 作为质心的 K 个聚簇 $\{C_1, C_2, \cdots, C_K\}$。本书采用了 F-measure 测量方法，对话题检测的效果进行评估。具体过程如表2-3所示：

表 2-3　　　　　　　　　　话题检测算法过程

Algorithm	Topic Clustering
Input： topic-word bags, $\{B_1, B_2, \cdots, B_K\}$; Similarity threshold, S; corpus, M;
Output：clusters of B_i, $i \in [1, K]$, $\{C_1, C_2, \cdots, C_K\}$
1：Initial clusters of B_i, $i \in [1, K]$;
2：For $i=1$; $i<K$; $i{+}{+}$ do
3：　　　For each of the M corpus d do
4：　　　　　$\text{sim}_{B_i, d} = \text{Fuzzywuzzy}(B_i, d)$
5：　　　　　if $\text{sim}_{B_i, d} > S$ then
6：　　　　　　　classtify d into C_i;
7：Return $\{C_1, C_2, \cdots, C_K\}$

二、实验与分析

(一)数据集

本书选取了 twitter 中图片信息最丰富的 10 个热点话题：city, boat race, dental health, face id, giraffe, polar bear, sunrise, world cup, Kentucky, traffic jam。各话题所含有的文本条数和图片数如表2-4所示：

表2-4　　　　　　　　　　各话题所含有的文本条数和图片数

num	topic	text	image	Text word	Image word
1	city	2425	1063	55781	20263
2	boat race	1292	1757	55781	7561
3	dental health	2984	1348	61597	15219
4	face id	4612	1708	147256	18702
5	giraffe	3950	3085	68668	33735
6	polar bear	2202	1982	53963	18864
7	sunrise	5319	1681	75598	55769
8	world cup	3949	5369	69705	20581
9	Kentucky	2894	2810	51976	21614
10	traffic jam	4927	1844	93536	31841
Total	—	34554	22647	733861	244149

注：text：推文数；image：图片数；Text word：推文字数；image word：图像描述字数。

如上表所示，我们既找了当下的一些热点话题、事件，如 world cap，face id，traffic jam，boat race，也找了一些常会在 twitter 中出现的固有名词 city、sunrise 以及出现频率较少的话题如 polar bear，giraffe。这些话题涵盖了各个角度，有效提高了实验的可信度。

（二）实验结果评价标准

本实验采用准确率（precision）、召回率（recall）与 F 值（F-measure）作为评价指标。

$$P = \frac{TP}{TP - FP} \tag{2-19}$$

$$R = \frac{TP}{TP + FN} \tag{2-20}$$

上述公式中，false positives（FP）指样本匹配错误的数目，false negatives（FN）指未被匹配出来的样本数目，true positives（TP）指样本匹配正确的数目。P 表示所有匹配出来的信息中正确样本数目的占比，R 表示正确匹配出来的样本在所有样本中的占比。

$$F = \frac{2PR}{P + R} \tag{2-21}$$

$$F' = \frac{\sum_{i=1}^{n} \left[\left| i \right| \times F(i) \right]}{\sum_{i=1}^{n} \left| i \right|} \tag{2-22}$$

F 值即为 P 值和 R 值的调和平均值，F' 为 F 值的加权平均值。对于整个聚类结果，全局的 F' 值根据每一个类别 i 的 $F(i)$ 值加权求平均值得到。

(三) 实验结果和分析

通过实验分析，我们采用效果较好的 LDA 模型获取话题词分布，取 val 值为 40 进行模糊匹配。

在本次实验中，对比了纯文本、文本和图像描述融合两种模式的聚类效果，并针对图像描述和文本融合这一模式，改进了 LDA 模型。通过图像自动标注技术生成它的语义描述，与文本信息相结合，将其作为数据源所得到的结果为图 2-17 至图 2-19 中的"----"线。进一步将图像语义信息进行处理后再与文本信息结合所得到的检索效果为图 2-17 至图 2-19 中的"………"线，纯文本信息话题检索的效果为图 2-17 至图 2-19 中的"——"线，BTM 方式以及 BTM 方式与图像语义信息结合的检索效果分别为图 2-17 至图 2-19 中的"– – –"线和"–·–·"线。

图 2-17 所示的是五种模式下 P 值的对比图，总的来说，我们可以看到仅使用图像信息方法的性能很差，因为图像描述信息添加了很多无效的单词。还可以发现"LDA-Text +Image"和"BTM+Image"的 P 值几乎总是低于"LDA-Text"的 P 值。以话题 4 为例，"LDA-Text"的 P 值为 0.85，"LDA–Text + Image"的 P 值为 0.29，"BTM+Image"的 P 值为 0.32。我们的方法获得了与"LDA-Text"方法相似的 P 值，因为改进的 LDA 通过相关的词对提高了话题内部的相关性，并且正确主题的比例显著降低。

如图 2-18 所示，总的来说，可以清楚地看到我们提出的方法与所有其他基线方法相比取得了更好的结果。还可以进一步观察到，本书提出的框架的召回率几乎总是高于所有其他分类器的召回率。这一令人鼓舞的实验结果表明，本书提出的框架有助于话题检测，并且不会损失太多的 tweet。由于引入了大量的无效词对，"LDA-Text +Image"方法的 R 值没有明显提高。然而，在

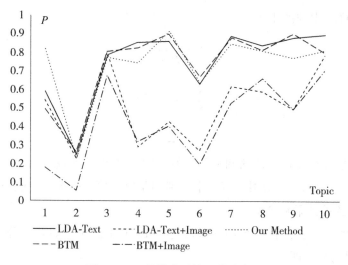

图 2-17 五种模式下的 P 值分布图

改进的 LDA 模型中，经过处理后的图像描述和文本融合的 R 值高于其他模式。例如，如话题 5 的召回率从纯文本的 0.51 直接升到了 0.9。这是因为我们在原始短文本的基础上，添加了图像描述的有效词对，且这些词对在该话题中的出现频次极高。因此该话题被检索出来的概率也大大增加了，R 值有了一个明显的提高。通过计算，我们得出五种模式下的 F 值，并作出如图 2-19 所示的 F 值分布图。

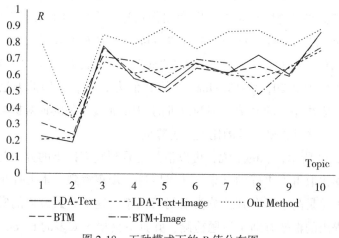

图 2-18 五种模式下的 R 值分布图

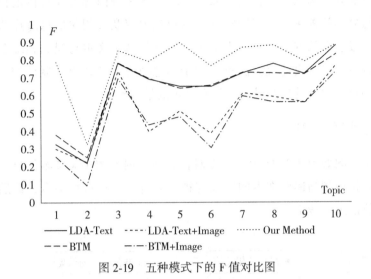

图 2-19　五种模式下的 F 值对比图

如图 2-19 所示，它分别展示了 LDA-text、LDA-text＋image、BTM、BTM＋Image、Our Method 这五种模式下的 F 值，首先，我们发现在每一个模式下，各个话题的聚类好坏的波动分布基本是一致的。例如，话题 2 的 F 值在 5 个模式中都是最低的。其次，可以很明显地发现用图像内容增强短文本语义空间后用改进的 LDA 模型训练得到的 F 值最高，甚至最好的结果能达到 90%。从结果可以看出，图像内容中充满了对话题检测有用的信息。因此，这些图像是挖掘与话题更相关的 tweets 的很好的线索。相比之下，短文本则比较笼统、宽泛、嘈杂。虽然图像描述可能会产生更多的噪声信息，但图像和短文本信息最终可以相互补充，短文本和图像的话题检测可以识别出更多相关的 tweets。也就是说，我们提出的框架可以对更多的积极信息进行分组，而不会对太多的负面推文进行错误的分类。

第三节　视觉与文本融合的热点话题检测与跟踪

随着互联网多媒体技术的飞速发展，互联网上的多媒体信息成级数地增长，各种不良信息也日益泛滥。本书提出了一种新的文本与视觉相结合的色情视频检测方法，以提高对视频内容的识别准确率。该方法基于"词袋模型"将视频视觉内容特征与相关文本特征进行底层特征融合来实现对色情视频的检测，经实验证明该方法行之有效，可应用于视频内容监控及特定视频片段的检索与分割等领域。本书针对互联网视频内容及其相关信息爆炸式增长以及监管手段缺失的现实困境，提出了一种新的基于文本与视觉相结合的敏感视频检测方法以解决传统方法难以识别的色情内容和超出机器认知、具有特定含义的色情内容的检测难题，具有一定的学术价值。

一、模型框架

系统框图如图 2-20 所示，首先对视频视觉内容和相关文本信息分别做检测，其次将视频描述性文本的特征与视觉内容的特征进行融合，最后通过分类决策算法进行裁定。

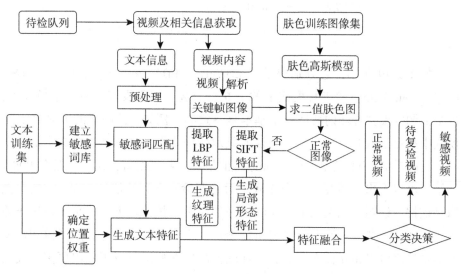

图 2-20 系统框图

(一)文本分析

1. 预处理

文本分析是对视频的相关文本，如视频所在网页、视频名称、简介、用户评论、弹幕等涉及的文本进行分析，其预处理工作主要是指文本信息提取，即对相关文本信息进行抽取，具体工作有：去除 HTML 标记、将标点等特殊符号用空格代替、以间隔符进行分词，形成单词集合、去除停用词和去除长度过小的词等。

2. 文本特征提取

文本特征提取需要预先建立敏感词库,对视频相关文本进行关键词匹配。敏感词库的建立需要利用爬取得到的色情视频网页数据和网络上的数据集作为总文档集合,计算所有单词分别在色情视频网页中的贡献程度并选择最具有区分性的单词集合作为敏感词库,其中对贡献度的计算利用 TF-IDF(term frequency-inverse document frequency)加权技术。将从互联网上爬取到的所有成人网页合并,视作一个单一文档,每个单词对这个"成人网页文档"的贡献度用其在这个文档中的 TF-IDF 值表示,选取 TF-IDF 值最大的前 N 个单词(其中包括非标准词汇、单词变形等)作为关键词库,同时将 TF-IDF 值作为单词的色情相关度,即单词 i 的色情相关度由公式(2-23)计算得到。其中 n_i 表示单词 i 在成人网页文档中出现的次数,其分母是成人网页文档中的单词总数;D 表示全部文档集合,其分母是包含单词 i 的所有文档的集合。

$$\text{tfidf}_i = \text{tf}_i \times \text{idf}_i = \frac{n_i}{\sum_k n_k} \times \log_a \frac{|D|}{|d: t_i \in d|} \tag{2-23}$$

视频相关的文本信息可能存在于视频所在网页文本(包括 HTML 文件对应的 TAG)、视频文件名当中。不同位置的文本信息与视频对应帧图像的相关度并不相同。经过对超过万幅的网络成人图像的统计,利用公式(2-24)得到在不同位置出现成人词汇时其所对应的图像是成人图像的概率。

$$P(\text{pimg} \mid \text{pword}) = \frac{P(\text{pword} \mid \text{pimg}) \times P(\text{pimg})}{P(\text{pword})} \tag{2-24}$$

$P(\text{pimg} \mid \text{pword})$ 表示在某成人类单词出现时其对应图像是成人图像的概率,$P(\text{pword} \mid \text{pimg})$ 表示成人图像相关文本中某单词是成人关键词的概率,可由所有成人图像对应文本集合中成人单词的比例得到;$P(\text{pimg})$ 表示成人图像在所有图像中所占比例,$P(\text{pword})$ 表示所有图像的相关文本中成人关键词的比例。在计算特征时,每一个关键词库中单词对应一维特征,在图像对应文本中逐个对关键词进行匹配,单词 i 对应的该维特征的值由公式(2-25)计算,$n_{l, i}$ 表示单词 i 在位置 l 的出现次数,tfidf$_i$ 为单词 i 的成人相关度,$P_l(\text{pimg} \mid \text{pword})$ 是 l 位置的权重系数。

$$x_i = \sum_l (n_{l, i} \times \text{tfidf}_i \times P_l(\text{pimg} \mid \text{pword})) \tag{2-25}$$

(二)视觉内容分析

1. 预处理

色情视频图像的一大特点便是含有较多的肤色区域,在预处理阶段可通过排除肤色面积过小的图像来提高检测效率。本项目在 YCbCr 颜色空间对视频图像进行建模后利用高斯模型快速地计算出属于皮肤区域的所有像素点,然后进行联通性处理,在将部分颜色接近肤色的干扰物排除的同时也对图像进行去噪处理,若满足:①皮肤区域的个数小于 3;②皮肤区域占整个图像的比值小于 15%;③最大皮肤区域小于总皮肤面积的 45%;④皮肤区域的数量超过 60 个,这四个条件中的任意一个则判定图像为非色情图像,若四个条件都不满足,进行下一阶段的判定。

2. 视觉局部形态特征提取

采用尺度不变特征变换算法(scale invariant feature transform, SIFT)[69] 提取结构上具有一定规律的局部形态特征,该算法可以得到局部突出的兴趣点的位置、尺度,并为每个兴趣点产生 128 维的描述向量。从训练图像提取兴趣点,得到大量 SIFT 向量后,通过 k-means 算法对所有特征向量进行聚类,量子化为 M 个"SIFT 视觉单词",每个聚类对应一个视觉单词,每个单词对应一种局部形态。为减少 K-均值算法的随机性带来的问题,采用先过度聚类,再对距离近、半径小的类进行合并的方式。

使用公式(2-26)计算每个单词的成人相关度 $D(w)$[70],其中 $F(w \mid \text{porn})$ 表示出现单词 w 的成人图像的比例,$F(w \mid \text{normal})$ 表示出现 w 的非成人图像的比例。对于一幅图像,其局部形态特征为 M 维向量,每一维对应一个 SIFT 单词,其值是该单词在图像中的出现次数与其成人相关度的乘积。

$$D(w) = F(w \mid \text{porn}) \cdot \left(\frac{F(w \mid \text{porn})}{F(w \mid \text{normal})} \right)^2 \qquad (2\text{-}26)$$

3. 纹理特征提取

纹理特征使用 LBP(local binary patterns)算子描述,对选择的图像分块进行 LBP 特征提取,生成 LBP 特征向量。每个窗口尺寸下的图像分块得到一个 LBP 特征向量,即为 LBP 视觉单词的一个实例。对训练集的图像进行纹理特征提取后,采用与 SIFT 特征相同的处理方法量子化为 K 个视觉单词。同样用公式(2-26)计算每个 LBP 视觉单词的成人相关度,图像纹理特征可用 K 维向量表示,构造方法与局部形态特征相同。

(三)特征融合与分类器

1. 特征融合

在"视觉词袋模型"中将一张图像表达为由视觉内容分析得到的视觉单词所组成的无序单词集合("词袋"),而在本研究中将文本分析得到的相关文本关键词也加入该"词袋",这样就可以在底层而非结果上对文本分析和图像内容分析进行结合。

本研究将每一幅图像表达为一个由三类单词(一类文本单词,两类视觉单词)构成的无序集合,其中的单词共有 $N+M+K$ 种。经过对图像内容分析与文本分析的特征提取,每个图像都由三个向量表示,即纹理特征向量、局部形态特征向量和文本特征向量,通过将这三个向量组合得到一个维数为 $N+M+K$ 的向量来最终表示图像特征。由于三部分特征的值可能存在数量级上的差异,需要对其进行归一化处理,方法为对训练集中的三种特征分别进行统计后利用公式(2-27)进行线性函数转换,其中 MaxValue 和 MinValue 表示所有该类特征值中的最大值或最小值而非某一维上的。

$$y = a \times (x - \mathrm{MinValue})/(\mathrm{MaxValue} - \mathrm{MinValue}) \qquad (2\text{-}27)$$

由于三类特征在分类效果中的贡献程度并不相同,因此需要再为归一化后的向量值进行调整,故第 i 类特征的特征值 y_i 由公式(2-28)得到, a_i 为权重参数,表示该类特征的贡献度。

$$y_i = a_i \times (x - \mathrm{MinValue})/(\mathrm{MaxValue} - \mathrm{MinValue}) \qquad (2\text{-}28)$$

通过将某类特征作为基准,分别对另两种特征的"贡献度"做调整,将实验效果达到最优值时的"贡献度"参数作为最终使用的权重参数。

2. 分类器

判定一个视频是否含有色情内容需要检测每一帧关键图像是否属于敏感内容,本书选择支持向量机(support vector machine, SVM)[71]作为本研究的分类算法实现的分类器。

二、实验与分析

(一)数据集

根据视频中的视觉内容是否含有色情内容以及视频相关文本是否包含色情词汇,将实验所用的数据集分为 4 类:

PP 类:视觉内容中含有色情元素且相关文本包含色情词汇的视频

PN 类：视觉内容中含有色情元素但相关文本未检测到色情词汇的视频

NP 类：视觉内容中不含色情元素但相关文本中含有色情词汇的视频

NN 类：视觉内容和相关文本均不含有色情元素的正常视频

本项目出于减少工作量节约硬件资源的目的，选择提前提取视频关键帧图像代表视频视觉内容进行存储。实验视频共 2870 份，全部来自网络，包含四类视频，其中 PP 类视频 1080 份，PN 类视频 283 份，NP 类视频 246，NN 类视频 1261 类。在 NN 类视频中以容易在图像内容分析环节中造成混淆的视频为主，包括海滩比基尼类视频、婴儿类视频等。从数据集按比例抽取 PP 类与 NN 类视频共 400 份，PN 类与 NP 类视频共 100 份供测试，其余视频做训练集。除此之外为了保证图像分析模块的功能，我们还另外建了一个网络图像数据集供视觉内容检测模型训练，该数据集包含来自 Pornhub 的缩略图、同类数据集中的敏感图片共计 10000 张敏感图片和来自 Facebook 资料、公共数据集中的普通图片共计 7200 张正常图像。

（二）实验结果比对

实验中选择了成人相关度最高的 400 个文本单词作为关键词库，并聚类产生了 800 个 SIFT 视觉单词、250 个 LBP 视觉单词。在提取纹理特征时，采用了 8×8，16×16，24×24 三种尺寸的窗口，并用窗口尺寸的 3/4 作为其步长。每个图像的特征向量共 1450 维，对归一化后的每类特征乘以不同的权重系数：将纹理特征作为基准，首先加入 SIFT 特征，计算为 SIFT 特征设定不同的权重系数时的分类效果，得到最优的权重系数，再加入文本特征，同样的方法计算可得到各自的权重系数，使之配合达到最优效果。

为了评估本书方法对色情判定的效果，选择传统的评估标准：正确率 P（正确识别的个数/识别出的总数）、召回率 R（正确识别的个数/测试集中存在的总数）、F 值 [正确率×召回率×2/（正确率+召回率）]（见本章公式（2-19）、公式（2-20）、公式（2-21）），其中最能体现综合效果的是 F 值。在对每一类视频的判定效果评估时，选择 correct rate，即在某类图像集合中被正确判断为该类的比例。

本项目将未融合文本特征的判定方法（仅使用了底层视觉特征的判定方法）和文献[72]的方法分别与本书提出的融合判定方法的检测效果进行比较，结果如表 2-5 所示。

表 2-5   实验结果比较

Detection method	PP	PN	NP	NN	Precision	Recall	F-Measuere
GCbr algorithm in[72]	90.18	88	84	73.25	79.33	90.20	84.42
DLR algorithm in[72]	88.67	88	87	75.75	80.40	88.80	84.39
only visual features	84.02	79	95	83.25	85.47	84.20	84.35
Method in this paper	89.17	76	96	96.25	95.91	89.20	92.43

从表 2-5 可以看出，文献[72]的方法对 NN 类视频的识别正确率较低，这是因为该方法容易对存在人物且有较多皮肤裸露的人物图像产生误判，而这类视频的特点是相关文本中并未出现色情词汇，本书算法在这类图像的判定方面显示了优势。而对相关文本中未出现色情词汇的 PN 类色情，本书算法相对仅分析视觉内容的算法，识别正确率较低，这是因为该类色情视频主要依靠对视频视觉内容的分析才能正确判定，本方法降低了对视觉内容特征的权重后，对于这类视频的判定效果有所下降。除此之外，对其他两类视频的识别效果均优于对照方法。此外，文献[72]中的方法在文本分析与图像分析结合后的效果提升并不明显，尤其是对色情类视频反而有所下降，而本书算法在结合后相对于单纯利用视觉特征分析的算法有比较明显的优化效果。整体来看，本书算法在正确率、召回率、F 值上的综合表现全面优于对照算法。

本书提出了一种基于文本与视觉相结合的色情视频检测方法，主要优点和创新点在于充分利用了视频相关的文本信息，基于"词袋模型"将视觉内容特征与视频文本特征进行底层特征融合来实现对色情视频的检测，经实验得到正确率 96.32% 的检测效果。

第四节 本章小结

当面对大量的短文本数据时，快速且准确地从短文本数据中挖掘出热点话题是一件非常重要的任务。推特等社交网络的特性，如短小且嘈杂的文本信息、庞大且丰富的图片和短视频信息等，不可避免地对热点话题检测提出了新的挑战。在本章中，本书新提出了一种三阶段热点话题检测框架。通过文本与视觉信息的融合提高话题检测的准确性。本书探索将图片理解应用到话题检测领域，利用深度学习循环神经网络以及编码器解码器框架来理解图片的内容，建立起自然图片与语义信息之间的桥梁，用以解决短文本话题检测所含信息量小、噪声多的难题。另外实验中改进了 LDA 模型，将图片理解词对融入短文本，提升了话题检测模型的准确度。然而本书提出的这一模式也有一定局限性，我们可以看到许多重要事件往往以一些名人为中心，例如特朗普参加总统大选，迈克尔·杰克逊去世等。因此，通过图像正确识别出名人的姓名并将其与文本结合能有效弥补基于名人的突发事件话题检索上的漏洞。

令人鼓舞的是，目前人脸识别技术已相当成熟，将人脸识别融入图片理解也是本框架未来进一步扩展的方向之一。另外本书将寻求利用所含信息更为丰富的视频，为短文本挖掘出更加丰富的话题内容信息，并进一步提高文本信息的鲁棒性，使得本框架检测效果更加准确可靠。

第三章 多源异构信息融合中的
注意力机制研究

注意力机制(attention mechanism)的思想来源于人类视觉，它模仿了人眼观察行为的一个内部过程，即人类的视觉注意力通常会有选择性地关注所有信息的某个部分，称之为视觉焦点，它可以是一段文字、图片、视频中的某个特定区域。通过对这个焦点区域投入更多注意力，可以快速从大量信息中筛选出所需要的细节信息[73]；同样，在计算能力有限的情况下，注意力机制通过将计算资源分配给更重要的任务，可以有效解决信息超载问题，从这个层面来看，注意力机制可以理解为一种资源分配的机制[74]。随着深度学习模型的成功应用，其计算量大的特性必将加大计算机资源的消耗，而且海量的数据也会削弱人们对重点数据的有效关注，这些问题正是引入注意力机制的初衷："节约资源，关注重点。"

第一节 注意力机制剖析

一、模型原理

(一)Encoder-Decoder 框架

注意力模型是基于传统的 Encoder-Decoder 通用框架之上加入注意力权重分布而构建的模型[75]，因此，在介绍注意机制之前，有必要了解编码器-解码器框架的基本原理。文本处理领域的编解码器框架可以看作是一种通用的处理模型，可以将一段句子生成另一段句子。编码器-解码器框架可以抽象如图3-1 所示：

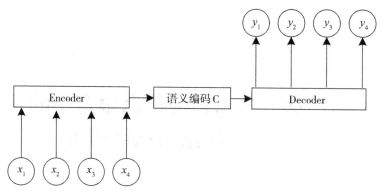

图 3-1　Encoder-Decoder 的抽象表示

如图 3-1 所示，我们输入句子 X 对其进行编码，其编码方式是首先对 X 的单词序列分别进行编码，然后进行语义整合，得到语义编码，将其表示为 C，最后通过编码器-解码器框架来生成目标句子 Y，最终输出 Y 的单词序列。

$$X = \langle x_1, x_2, \cdots, x_n \rangle$$
$$Y = \langle y_1, y_2, \cdots, y_m \rangle$$
$$C = F(x_1, x_2, \cdots, x_n)$$

这里的输入序列 X 和输出序列 Y 可以是同一种语言，也可以是两种不同的语言。若它们是同一种语言，当输入序列 X 的长度为多章节类型，而目标序列 Y 生成为小段落类型时，则文章的摘要部分可以自动生成；如果目标序列 Y 是单句，则可以自动生成段落标题；若它们是不同语言，就可以用于处理机器翻译、群组行为识别、图片描述甚至其他未解决的问题。

解码器在执行机器翻译任务时是根据句子的中间语义表示和之前生成的历史信息，生成当前要生成的词 y_i：

$$y_i = G(C, y_1, y_2, \cdots, y_{i-1})$$

每个 y_i 都这么产生，直到源序列 X 最终生成了目标序列 Y。

但是图 3-1 展示的编码器-解码器框架并没有体现出"注意力"思想，因为在生成目标句子的任何一个单词时，生成语义编码 C 的方式本身也忽略了注意力，没有考虑到语义编码中每个单词对生成单词的重要性差别，因此可以说这个模型完全是一个注意力不集中的分心模型。

在通常的情况下，需要提前将生成的目标句中的每个词的注意概率信息合理分配给源句中的所有词。比如在自然语言翻译中，在生成单词"cat"的时候，其对应的中间语义表示是根据当前输入单词"猫"来变化的，那么对应的"猫"这个字所拥有的注意力应该更多，区别于之前相同的语义表示 C，基于注意力机制的编码器-解码器框架如图 3-2 所示：

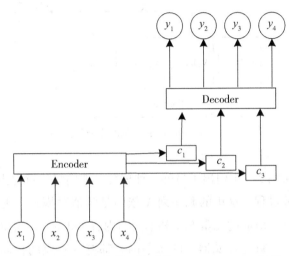

图 3-2　引入注意力模型之后的 Encoder-Decoder 框架

如图 3-2 所示，引入了注意力模型之后，生成目标句子单词的过程也随之发生了变化，生成不同单词时其中间语义表征 C_i 也不同，如公式（3-1）[76] 所示：

$$y_1 = f_1(C_1)$$
$$y_2 = f_2(C_2, y_1) \tag{3-1}$$
$$y_3 = f_3(C_3, y_1, y_2)$$

（二）Attention 机制的本质思想

我们换一种方式看待注意力机制：如图 3-3 所示，将源序列 X 中的每一个组成元素都看作是由一系列的 <Key，Value> 形式的键值对数据。首先在 Y 中任意挑一个元素，将其赋值给 Query，将 Query 和源序列中每个 key 都进行相似度计算，其相似度就是对应 Value 的权重系数，加权求和的过程就可以看出注意力的概率分布。其本质思想可以用下列公式体现：

$$\text{Attention}(\text{Query}, \text{Source}) = \sum_{i=1}^{L_x} \text{Similarity}(\text{Query}, \text{Key}_i \times \text{Value}_i)$$

$$\tag{3-2}$$

其中 Source 就代表源句子 X, L_x 代表源句子的长度。

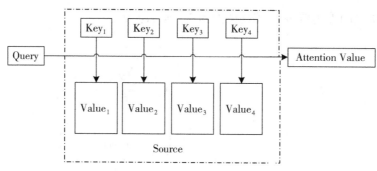

图 3-3　Attention 机制的实质形式

有些学者从图 3-3 中引出了另外一种理解，他们将注意力机制看作计算机处理中的软寻址过程：这里的源序列 X 依旧是键值对模式，正如文件目录一样，每个文件有其对应的元素 Key 和不同的内容 Value。在这里，我们可以关联存储器的结构，首先存储器中的每条内容都有其对应的存储路径 key 和存储内容 value，假设现在有一个查询任务，目的是找到该存储器中元素 key 对应的值。这里，我们通过比较查询和内存中元素键的地址之间的相似性来执行寻址。这里的寻址过程不像一般的寻址过程那样只从存储的内容中查找，而是可以从每个关键地址内容中检索，根据查询与关键字的相似度来确定提取内容的重要性，然后对该值进行加权求和，从而提取出最终值，这个过程也体现了注意力的概率分布。

(三) Attention 机制的计算流程

根据 Attention 机制的本质思想，其计算过程可概括为三个阶段[77]。

第一步是输入信息，第二步是计算注意概率分布 α，第三步是根据注意分布计算输入信息的加权平均，如图 3-4 所示：

Step1：信息输入。用 $X = \langle x_1, x_2, \cdots, x_n \rangle$ 表示 n 个输入信息。

Step2：注意力分布计算。该步骤首先计算查询 Query 与每个键之间的相似性，获得权重，然后主要是利用 SoftMax 函数对这些权重进行归一化处理，在这里也可以采用其他的权重归一化方法。常用的相似度计算方法有加性模型、点积模型和文献[29]中的模型等，具体如下：

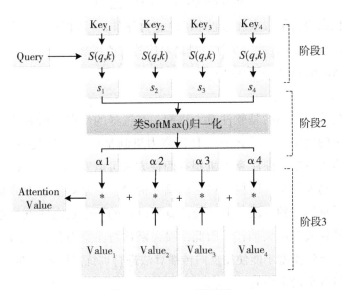

图 3-4 Attention 原理图

$$S_{ti} = \text{score}(q_i, \ k_i) = \begin{cases} q_t^T k_i & \text{点积} \\ q_t^T W k_i & \text{通用} \\ \dfrac{q_t^T k_i}{\sqrt{d_k}} & \text{缩放点积} \\ v^T \tanh(W[q_t; \ k_i]) & \text{拼接} \\ v^T \tanh(Wq_t + Uk_i) & \text{相加} \end{cases} \qquad (3\text{-}3)$$

上式中 s_{ti} 为注意力模型中常用的相似度度量的打分机制，W、U 代表可以学习的参数矩阵，v 代表参数向量。

由于相似度计算结果形式会受到计算模型的影响以及不同模型产生的分数值范围很有可能不同，因此有必要引入类似 SoftMax 函数的计算方法对相似度分数进行换算，将原始的计算得分转换为 0 与 1 之间的数值；一般可以用以下公式[29]计算：

$$\alpha_i = \text{SoftMax}\left(\frac{e^{s(x_i, \ q)}}{\sum_{j=1}^{L_x} e^{s(x_i, \ q)}}\right) \qquad (3\text{-}4)$$

Step3：信息加权平均。计算公式[29]如下：

$$\text{Attention}(Q,\ K,\ V) = \sum_i \alpha_i V_i \tag{3-5}$$

在对信息进行加权求和过程中的注意力分布 ∂_i 可以理解为在查询 q 时第 i 个信息受到的关注程度，关注度越高对应的权值越高。

（四）Attention 机制的变种

1. 硬注意力机制

上面的公式提到的是软注意力机制，其选择的信息是所有输入向量在注意力分布下的期望。此外还有一种注意力机制是只关注到某一个输入向量，叫做硬注意力机制。硬注意力机制有两种方法可以实现：第一种是选择一个最高概率的输入向量，即权重最大的输入向量；二是对注意力分布进行随机抽样，然后选择一种方法。但是硬注意力机制的一个致命缺点是选择信息是基于随机抽样或者最大抽样。因此，损失函数与注意力分布之间的函数关系并不可导，导致模型不能使用反向传播算法进行训练。因此，在一般情况下，软注意力机制是最常用的。

2. 键值对注意力

输入信息可以键值对的形式表示，其中键用于计算注意力分布，值用于计算聚合信息。用 $(K,\ V) = [\,(k_i,\ v_1),\ \cdots,\ (k_N,\ v_N)\,]$ 来表示 N 组输入信息，给定查询向量 q，其注意力函数[78]为：

$$\text{Attention}[(K,\ V),\ q] = \sum_{i=1}^{N} \partial_i v_i \tag{3-6}$$

其中，∂_i 的计算跟前面软注意力机制的计算方式一样，当 $K=V$ 时，键值对注意力就是软注意力机制下的普通模式。

3. 多头注意力

多头注意力（multi-head attention）是利用多个查询 $Q = [q_1,\ \cdots q_l]$ 并行计算，从输入信息中选择多个信息集，关键在于每个注意力集中在输入信息的不同部分。

$$\text{Attention}[(K,V),Q] = \text{Attention}[(K,V),q_1] \oplus \cdots \oplus \text{Attention}[(K,V),q_l]$$
$$\tag{3-7}$$

其中 $\oplus$ 表示向量拼接。

二、自注意力机制（self-attention）

在 Encoder-Decoder 框架中，注意力机制一般基于外部查询试图找到

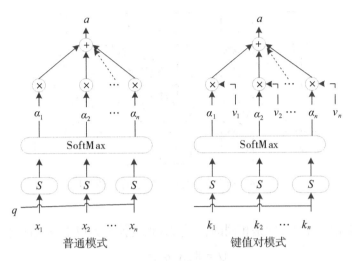

图 3-5　软注意力机制

和查询最匹配的元素，注意力机制主要作用于源文本和目标文本之间，然而这种做法很容易忽略源文本自身的内部元素之间的关系。而自注意力机制是注意力机制在 $Q=K$ 时的一种改进，发生在源文本序列内部或者目标序列内部之间，它可以抽取同一个文本内间隔较远的字词之间的联系，用于对源文本序列内部元素间的依赖关系建模，以加强对源文本语义的理解[79]。

当使用循环神经网络处理一个可变长度的向量序列时，随着文本序列长度的增加，网络会学习之后的单词，但是由于信息传输的能力和梯度的消失问题，前面的字词记忆的信息会逐步减少，同时增加计算时间的消耗，这是目前循环神经网络的通病。而在引入自注意力机制后，文本中任意两个字词之间相互依赖的特征便可以直接计算[80]。但是，由于全连通网络的连通边数是固定的，它不能处理变长序列。不同的输入长度有不同的连接权值。此时，可以利用注意机制"动态"生成不同连接的权值，即自注意力机制模型（如图3-6所示）。

图3-6展示了全连接模型和自注意力机制模型的对比。由于自注意力机制模型的权值可以动态生成，因此它可以处理变长的信息序列问题。

假设输入序列为 $X = \left[x_1, \cdots x_N \right] \in R^{d_i \times N}$，输出序列为 $H = \left[h_1, \cdots h_N \right] \in$

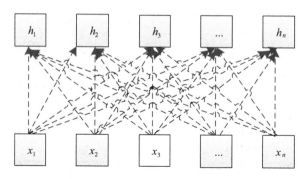

图 3-6　动态全连接(自注意力机制模型)

$R^{d_2 \times N}$，输出序列的长度是相同的，通过线性变换得到以下三组向量：

$$Q = W_Q X \in R^{d_3 \times N}$$
$$K = W_K X \in R^{d_3 \times N} \qquad (3\text{-}8)$$
$$V = W_V X \in R^{d_2 \times N}$$

其中，Q、K、V 分别为查询向量序列，键向量序列、值向量序列，由文本序列进行线性变换而来，W_Q、W_K、W_V 分别表示待学习的参数矩阵。输出向量可由下式得到：

$$h_i = \text{Attention}\big[(K, V), q_i\big] = \sum_{j=1}^{N} \partial_{ij} v_j = \sum_{j=1}^{N} \text{SoftMax}\big[s(k_j, q_i)\big] v_j \quad (3\text{-}9)$$

其中，$i, j \in [1, N]$ 表示输入向量和输出向量序列位置，∂_{ij} 表示向量之间的连接权重，由自注意力机制模型动态生成。

在对注意概率进行归一化处理之前，使用缩放的点积模型作为评分函数，则输出向量序列为：

$$H = V\text{SoftMax}\left(\frac{K^T Q}{\sqrt{d_3}}\right) \qquad (3\text{-}10)$$

自注意力机制模型可以作为神经网络的一层。它可以替代卷积层和递归层，也可以与卷积层和递归层互换使用。自注意力机制模型计算的权重只依赖于 q_i 和 k_j 的内容相关性而忽略输入位置的相关性。因此，当单独使用时，自注意力机制模型通常需要添加位置编码信息。

第二节　多源异构信息融合中的注意力机制

一、场景文字识别中的注意力

(一) 应用简述

在各种自然场景中，文字会出现在如招牌、车牌、路标、产品包装、公告等各种物体上。文本所承载的准确而丰富的语义信息对于图像搜索、智能检测、产品识别和自动驾驶等应用场景都非常重要[81]。在场景文字识别网络中加入 Attention 注意力机制，目的是使网络在解码过程中将其注意力聚集在当前需要识别的字符上，从而达到有选择地关注不同区域的目的，最终是为了更好地获取该符号的特征。另外，Bahdanau 等[30]在进行神经机器翻译的研究时发现，使用固定长度的向量进行编码，会造成过拟合问题，具体表现为在短句上表现良好，但当句子增加到某一长度时，神经网络的翻译性能则开始大幅度下降。因此提出注意力机制来缓解此问题，它可以在输入序列长度过长时，将 Encoder-Decode 模型中表达特征时的向量变为和输出最相关的向量，通过这种方式可以提高 Encoder-Decode 模型的性能。

为了证明注意力机制的有效性，温佳林 等[82]在识别网络中加入了 Attention 注意力机制，并进行了对比实验。一个模型含有具有 Attention 模型的 LSTM 解码器，另一个模型的解码器是普通的 LSTM 网络，为了保证实验不受其他因素干扰，实验使用单向的从左至右解码器。然后在 SVT、SVTP、IC03、IC13、和 CUTE 的数据集上分别进行测试，结果如表3-1：

表3-1　**具有注意力机制的 LSTM 网络和普通 LSTM 网络的识别准确度**

	SVT	SVTP	IC03	IC13	CUTE
具有注意力 机制的 LSTM 网络	87.33%	76.84%	92.67%	89.46%	74.65%
普通 LSTM 网络	85.17%	73.87%	91.28%	86.90%	71.88%

从上表可以看到，加入注意力机制之后，模型对文字的识别效果有明显

的提升，尤其是在不规则文本较多的 SVTP 和 CUTE 数据集中准确率分别提升了 2.97% 和 2.77%。

（二）代表性模型

场景文本识别受到语音识别和机器翻译的启发，被认为是一个序列到序列的预测问题，其中传统的 Fully-Connected-LSTM（简写为 FC-LSTM）发挥了关键作用[83]。但是，由于 FC-LSTM 的限制，现有的方法必须将二维特征图转换为一维特征向量，大多数情况会导致文本图像中有价值的空间和结构信息遭到严重破坏，特别是当场景文本有不规则、变形、光照过强、文本模糊、文字背景图案复杂等情况出现时，其文本识别效果会很差。

Wang 等[84]提出从时空预测的角度来解决场景文本识别问题，在基于 LSTM 序列预测时会考虑到空间相关信息，他们提出的 Focused Attention ConvLSTM（FACLSTM）模型将场景文本识别过程分为两个模块，一个是基于 CNN 的特征提取模块和基于 ConvLSTM 的序列转录模块。该模型的实验结果表明，提出的 FACLSTM 模型能够有效处理规则和不规则特别是那些低分辨率而且有噪声的文本。在 IIIT5K-50 的实验数据集上的准确率高达 99.5%，其准确率优于目前学者们提出的优化方法。下面具体来讲一下注意力机制是如何在基于 CNN 的特征提取模块发挥作用的。

如图 3-7 所示，图片识别框架就是一个 Encoder-Decoder 结构[85]，它学习输入图片和输出序列的对齐，底层由 CNN 结构提取原始图像的特征，并形成 feature map，即 $f_{i,j,c}$，此处的 i，j 表示图像中的坐标，c 表示通道，并由当前时刻的对齐概率向量 $a_{t,i,j}$ 加权求和，得到上下文变量 $u_{t,c}$。

图 3-7 中模型的体系结构首先是通过同一个 CNN feature extractor 来传递这四个视图，然后将结果连接成一个大的 feature map，用标记为 f 的立方体显示。之后采取一个空间加权组合来创建一个固定大小的特征向量 u_t，它被送入 RNN。$a_{t,i,j}$ 可以理解为当前时刻对输入图像的每一个局部的关注程度，从图像处理的角度也可以理解为一个 mask，它是由 Decoder 网络前一时刻的隐层输出与 f 经过某种操作后产生的，$a_{t,i,j}$ 与 f 加权得到的 u 可以理解为网络对输入图像选择性观察得到的结果。u 既作为 RNN 的输入，也参与生成 RNN 的预测 c。

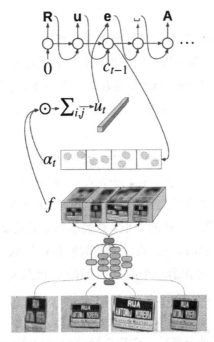

图 3-7　图片识别的 Encoder-Decoder 结构

二、图片描述中的注意力机制

(一) 应用简述

图片生成描述最早是由 vinyal 等人在 2015 年提出的，他们基于机器翻译任务中使用的编码解码模型进行适当修改后，研究发现在图片生成和图片描述任务中也取得了较好的效果[86]。图片描述的主要流程就是输入一张图片，人工智能系统输出一句或者几句描述图片内容的句子。如果使用编码器-解码器框架来解决任务目标，那么此时编码器的输入部分是一张图片，大多数研究者用循环神经网络来提出图像特征，解码器部分输出的则是自然语言句子。

在输入信息给编码器的过程中，由于模型直接使用 CNN 编码的最后一层信息作为编码向量，这很容易导致生成的图像代码在语言生成的解码过程中丢失或忽略一些重要的视觉信息，所以早期的图片描述任务生成的句子质量很差。引入注意力机制之后的图像描述模型显著提高了系统的输出效果。这里的注意力模型的作用类似于人类的视觉选择性注意。当输出某个实体词时，注意力的焦点会集中在图片上相应的区域，甚至能将每个描述词对应的描述区域可视化展示出来。

（二）基于 Attention 机制的图片描述生成算法

假设一张图像经过卷积神经网络提取特征后的特征图为 a，在编码器进行编码的阶段，一般模型会使用 CNN 提取出 L 个 D 维特征向量，将特征图 a 均匀地分为 L 个小块，每个小块对应于原始图像区域中的一部分，用公式[87]表示如下：

$$a = \{a_1, a_1, \cdots, a_L\}, \ a_i \in R^D \tag{3-11}$$

$$y = \{y_1, y_1, \cdots, y_C\}, \ y_i \in R^K \tag{3-12}$$

其中，R^D 表示 D 维特征向量，a 是 L 个 D 维特征向量的合集。生成的图片描述用 Y 表示，K 代表字典的大小，C 表示句子的长度。

解码阶段选用 LSTM 模型，假设当前时间的隐层状态为 h_t，图片对应特征图的位置为 a_i，通过在前一个时间点的隐层状态 h_{t-1} 和当前某一区域的 feature map 计算得到能量分布值：

$$e_{ti} = f_{ATT}(h_t, \ a_i) \tag{3-13}$$

其中，f_{ATT} 是一个评分函数，它耦合计算当前时刻 h_t 和区域 a_i 的能量分布值，然后利用 SoftMax 函数将其归一化并将其作为注意力分配概率，表示生成 y_i 时关注于 a_i 位置的一个概率值，主要是为了实现输出信息和图片区域的对齐，用 c 表示图片加入注意力之后动态的上下文信息：

$$\alpha_{ti} = \frac{\exp(e_{ti})}{\sum_{K=1}^{L} \exp(e_{ik})} \tag{3-14}$$

$$c_t = \phi[\{a_i\}, (\alpha_{ti})] \tag{3-15}$$

其中，函数 ϕ 表示将注意力权重施加到图片各自区域的方法，通常分为硬注意力机制和软注意力机制，其中软注意力机制模型表示的是生成当前词时整个图像区域中参与该单词生成的一个比例，硬注意力机制模型表示的是生成当前单词时需要关注的是哪个区域，而且除此区域外，该模型认为其他区域不参与生成过程。在软注意力机制模型中，可以利用 a 来表示生成当前词时所要关注的图像区域的概率，通过使 $\sum_i \alpha_{ti} = 1$ 可以保证所有区域的关注概率的和为 1，而由于 α 是由 SoftMax 计算得到的，自然它们的和为一，因此可以通过直接计算得到 $\hat{z}_t$。

$$c_t = \sum_i^L \alpha_{ti} a_i \tag{3-16}$$

在这种模型下，可以使用标准的反向传播进行训练以实现端到端的学习。在计算 $\hat{z}_t$ 的时候，在每个时间点 t 时，可以加入一个由上一个时间点的隐藏单元得到的 γ 变量：

$$\phi[\{a_i\}, (\alpha_{ti})] = \gamma \sum_i^L \alpha_i a_i$$
$$\gamma = \varphi(h_{t-1}) \tag{3-17}$$

在硬注意力机制模型中，新引入了一个变量 $s_{t,i}$，取值为 0 或 1，表示在特征图的 i 位置是否被选中，1 表示选中，而且在硬注意力模型中 $s_{t,i}$ 只能有一个位置为 1，$s_{t,i}$ 可以看作关于 $\{a_i\}$ 的一个二项式分布，此时有：

$$c_t = \sum_i s_{t,i} a_i \tag{3-18}$$

$$P(s_{t,i} = 1 \mid a) = \alpha_{t,i} \tag{3-19}$$

再定义一个模型损失函数 L_s，它是图像特征 a 给定后通过观察单词序列 y 求其边际对数似然值得到的变化下界，其中，y 表示由图像特征 a 生成的图像描述文本。然后对其进行求导：

$$L_s = \sum_s p(s \mid a) \log p(y \mid s, a) \tag{3-20}$$

$$\frac{\partial L_s}{\partial W} = \sum_s p(s \mid a) \left[\frac{\partial \log p(y \mid s, a)}{\partial W} + \log p(y \mid s, a) \frac{\partial \log p(y \mid s, a)}{\partial W} \right] \tag{3-21}$$

然后可以通过一个 N 次的蒙特卡罗法逼近上述公式，从而简化计算。通过使用注意力机制，译码器在对图像内容进行解码时，可以动态地聚焦于图像中的不同位置来生成图像内容的描述。

三、视频场景识别中的注意力机制

(一)应用简述

随着监控技术和短视频 APP 的广泛应用，微视频已经成为移动互联网领域最流行的多媒体形式之一，视频场景识别对视频语义分析和理解具有重要意义[88]。它的具体任务是通过提取特定视频中每个镜头之下的关键帧来输出场景的类别。目前主流的算法是使用视频级别的特征直接进行场景分类，然而这种方法只考虑到了视频级的全局特征，却忽略了富含更多信息的局部特征以及其中存在的关联。引入注意力机制来筛选对于视频场景识别重要程度高的特征，这一过程既可以增强视频全局特征和局部信息的关联，也降低了特征的维度，有效地加速了模型的收敛，从而提高了准确率。

(二)代表性模型

袁韶祖等人[89]提出了一种基于多粒度视频信息和注意力机制的视频场景识别模型，该模型中使用的注意力机制是一种典型的注意力架构(如图3-8所示)。

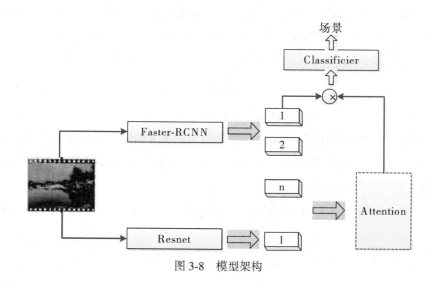

图 3-8　模型架构

通过 Faster-RCNN 检测模型提取视频内容的检测特征 S，它是一个 $n \times D$ 维的向量，即对应于 n 个不同物体的子区域，每个区域都是一个 D 维的向量，可由如下字母表示[90]：

$$S = \{S_1,\ S_2,\ \cdots,\ S_n\},\ S_i \in R^D \tag{3-22}$$

其中，R^D 表示属于 D 维度。借鉴注意力分配函数 ϕ 并根据细粒度检测特征 S_i 和全局特征 I_i 生成一个权重分布 α_i：

$$\alpha_i = \phi(I_i,\ S_i),\ i \in [1,\ n] \tag{3-23}$$

这里的分配函数是一种映射关系，它将两种粒度的视觉信息通过单层神经元映射到同一个维度空间，再相加得到权重，这个权重分布就包含两种粒度特征的融合信息。同时，该权重分布和 S_i 的维度是一致的，通过后续的加权操作，既实现了对于多个物体特征的降维，又得到了两种信息融合的一个强表征信息。

之后通过 SoftMax 函数对权重分布 α_i 作归一化处理得到注意力权重 a，这时 a 介于 0 到 1 之间：

$$a_i = \frac{\exp(\alpha_i)}{\sum_{K=1}^{n} \exp(\alpha_i)} \tag{3-24}$$

其中，a_i 表示融入注意力机制之后的第 i 个物体对应区域图像的权重。

最后，对视频图像区域的特征向量和相应的注意力权值进行加权求和，得到视频场景的最终表示函数：

$$\text{att} = \sum_{K=1}^{n} S_i \alpha_i \tag{3-25}$$

式中，S_i 为视频图像区域的特征向量，α_i 为注意力机制学习得到的权重，这个权重是神经网络根据当前输入的视觉信息自动生成的。

基于多粒度视觉特征和注意力机制的模型有效地提升了视频场景识别的质量，使用注意力机制可以将不同粒度的信息联系在一起，更加充分地利用了信息，其视频场景识别的正确率达到了 67.71%，正确率远高于之前研究者提出的视频场景识别模型。

第三节　注意力机制的未来发展

一、应用

模型关注因其直观、多功能性和可解释性而成为近年来的研究热点。注意力模型及其变体被用于处理总结、阅读理解、语言建模、分析等不同领域任务。在未来，注意力建模思想会在自然语言生成、分类、推荐系统等领域得到更加广泛的应用。

(一)自然语言生成(NLG)

NLG 任务的主要形式是自然语言文本作为输出。在机器翻译、答疑系统和多媒体描述等自然语言任务应用中，注意力模型的应用在很大程度上提高了系统的性能。例如，机器翻译的任务是使用一种算法将文本或语音从一种语言翻译成另一种语言。神经技术中的注意力建模解决了机器翻译中不同语言句子难以对齐的问题。在很大程度上，传统的机器翻译水平得到了提高，而且注意力模式的优势将变得更加明显，特别是在翻译较长的句子时[30]。现在的大部分问题问答系统也利用了注意力思想：一方面，通过关注问题的相关部分来更好地理解重点问题；另一方面，使用存储网络来存储大量信息，可以快速找到答案。多媒体描述任务是通过输入多媒体特征序列自动生成一个自然语言文本描述，这里输入的多媒体特征序列可以是语音、图像或者视频的特征表示，在未来通过构建更精细的注意力模型，可以实现更高效更精准的自然语言生成任务。

（二）分类

注意力机制可以用于处理情绪分类、文件分类、图像分类等分类问题，比如，在处理与情绪分析相关的任务时，不同的自我注意有助于关注能够代表甚至决定输入情绪的重要词汇。此外，在情绪分析应用中也有多种架构的使用，如记忆网络和 Transformer，它们集成了注意力思维。在与情绪分析任务类似的文档分类任务中，自我注意被用来构建更有效的文档表示，主要包括多层次的自我关注、多维的自我关注和多特征表达的自我关注模型。

Chen 等[91]提出利用注意力机制对移动应用进行分类，并提出了一种具有增强主题注意机制的移动应用分类方法。该方法首先利用 LSA 获取移动应用描述文本的全局主题并利用 BILSTM 模型对移动应用的局部隐藏表示进行训练。其次，针对包含丰富全局主题信息和局部语义信息的移动应用内容表示文本，引入注意机制，区分不同词的贡献程度，计算其权重值。再次，通过一个完整的连接层，使用 SoftMax 激活功能完成移动应用的分类和预测。最后，该方法是在一个真正开放的数据集移动应用程序存储上进行评估的。实验结果显示，该方法确实提高了移动应用的分类精度而且性能优于其他比较方法。

Du 等[92]发现现有的基于紧密连接网络的神经注意力模型与心理学和神经科学中发现的注意力机制有着松散的联系。在神经科学发现人类具有模板搜索注意机制的基础上，提出用卷积运算来模拟注意力，并给出神经注意力模型的数学解释。然后，引入了一种新的网络架构，它将递归神经网络与基于卷积的注意力模型结合起来，并进一步叠加一个基于注意力的神经模型，以构建一个分层的情绪分类模型。他们提出的模型能够捕获文本的显著部分，从而提高句子级和文档级的情绪分类性能。

(三) 推荐系统

推荐系统通常可以分为基于协同过滤和基于内容的这两种推荐系统。但是，由于评级矩阵的稀疏性、冷启动以及大多数推荐算法只考虑用户而忽略了产品之间的关系，这些缺陷都限制了推荐算法的有效性。现在流行的基于混合技术的推荐系统会同时结合基于协同过滤和基于内容推荐。Zhai 等[93]首先将注意力机制应用到在线广告推荐中。该工作使用两个基于注意力机制的编码器，分别对用户请求(query)和广告进行编码，得到请求向量(query vector)和广告向量(ads vector)。通过计算两个向量的相似度，向用户推荐和请求最相近的广告。在训练阶段，模型的损失基于用户点击行为得到。现在注意力模型也被广泛应用于各类推荐系统中，比如各类购物网站和搜索内容的推荐。研究人员已经使用注意力机制来寻找用户历史中最相关的项目，以改进项目推荐建议，或者使用协同过滤框架，或者使用编码-解码器架构进行推荐。

Peng 等[94]提出了一种将用户的潜在反馈数据以不同的时间粒度进行分区并且能学习用户潜在偏好表达的深度学习模型。该模型利用注意力机制提取每个分区中数据之间的相关性，同时，利用叠加去噪自动编码器对商品评级数据建模，以学习商品潜在表示。该模型根据用户偏好与产品的相似性向用户推荐产品，很大程度上提高了推荐的有效性。

之后 Wu 等人[95]发现现有的顺序推荐算法在就历史事件对当前预测的影响建模时，大多着眼于顺序动作之间的过渡结构，而在很大程度上忽略了时间和上下文信息。他们认为过去事件对用户当前行为的影响应该随着时间的推移和在不同的上下文中有所不同，因此提出了一个情境化的时间注意机制，它学会权衡历史行为的影响，不仅是什么行为，还包括行为何时以及如何发生。更具体地说，为了动态校准注意力机制中的相对输入依赖，他们部署了多个参数化核函数来学习各种时间动态，然后使用上下文信息来确定每个输入需要遵循哪个重新权衡的核。在对两个大型公共推荐数据集的实证评估中，该模型始终优于一系列先进的顺序推荐方法。

二、发展趋势

目前，结合注意力机制的编码器解码器框架已经取得了巨大的成功，而且新的研究成果也在不断涌现。如何更好地将注意力机制与神经网络结合起来并不断完善，仍是当前和未来的研究热点。

（一）开发多模态注意力机制

多模态注意力机制所使用的资源并不局限于文本，目前的研究主要是应用于文本与图像或语音信息的结合。通常使用两种编码器，一种用于编码文本信息，另一种用于编码图像或语音信息。译码时，通过注意力机制融合不同的模态信息。目前我们工作中使用的多模态信息还比较单一，未来可以将其应用到视频等多媒体上。此外，随着神经网络新模型的不断涌现，如何设计注意力机制以更好地与新模型融合也是多模态注意力机制研究中需要关注的问题[96]。

（二）增强模型的可解释性和可评价性

虽然注意力机制可以切实提高自然语言处理模型的性能，但缺乏为模型提供有意义的解释的能力，同时也说明注意力机制尚不清楚。神经网络相当于一个"黑盒子"，无法检查系统的偏差，也无法为一个正常运行的系统提供具体的解释。可解释性对人们理解模型的工作原理非常重要。随着网络深度的增加，这个问题变得越来越紧迫。此外，深度学习网络与注意力机制的结合取得了一定的成功，但目前还没有统一的评价机制。因此，如何提高注意力机制的可解释性和可测量性，并结合注意力机制的优势构建通用的评价方法，将成为未来研究的热点和重点。

第四节　本章小结

深度学习中的注意力机制从本质上讲和人类的选择性机制类似，核心目标也是从众多信息中选择出对当前任务目标更关键的信息。目前注意力机制已经被广泛使用在自然语言处理、图像识别、场景识别及语音识别等各种不同类型的深度学习任务中，是深度学习技术中最值得关注与深入了解的核心技术之一。通过注意力机制实现多源异构信息的融合，一方面可以保证关键信息的有效利用，另一方面也降低了信息融合产生的信息丢失风险。近几年来，注意力机制活跃于各类应用场景中，而且大量实验表明，引入注意力机制之后的模型具有更好的预测能力和泛化性。

第四章　多源信息融合的跨媒体智能推理研究

第一节　研　究　概　述

一、研究背景

近年来人工智能水平不断提高，是否有逻辑是人与机器最大的区别。逻辑性是人类思考的特性之一。正如许多逻辑学家深刻指出的那样，逻辑是关于正确性和确定性的，与创造性思维无关。法拉第警告说，头脑往往"依赖猜想"，当猜想与其他知识相吻合时，就会忘记尚未证明的东西。未经证实的假设往往会以"肯定""当然""无可置疑"等字眼出现，容易偷偷进入诸如归纳和推论之类的推论过程，而这种推论潜在的隐患往往会引发更大的范围和更深的不确定性。人机一体化是人的扩充，人在生理、心理、精神和认知上得到进化、完善和升华，也是对原始人的身体增益的变形。人与机器智能的不同还表现在：人可以反思，机器只能反馈。反思比反馈要复杂简单得多：反思的复杂性在于涉及了多个方面、多个内容，反馈也相当于反思的一种；反思的简单性是可以产生意义(理解了可能性)、理解(看到了联系)和直觉(相关无关的感觉)。不管逻辑或数学多么出色，它们都无法创造出人类独有的意义和理解。虽然理论上没有意义，但机器通过处理可以使无意义的语言使用合理化。

机器在计算的特定区域(如每日计算、围棋游戏及模拟训练)中可以超越人，但人可以通过与内心的自我沟通或在与外部事物相互作用的刺激或数据流中提取宝贵的信息、知识、概念、公式、前提及假设等。人类的意识包含思想和认知，从哲学上讲，认知决定思想，存在决定意识。人类的智慧看似是孤立的，但它却是群体性的。人脑在活动时会产生电流，电流是由钠离子和钾离子的相互作用产生的，但是不同人脑的智能生成、传递和储存并不是那么简单。个人及集团智能的意图不仅是现象学哲学的核心问题，也是智能科学的核心问题。行动是认知的源泉，是主体与对象之间相互作用的媒介。同化是将环境信息整合到现有的认知结构的过程，是主体改造客体的过程。所谓适应，是指主体的意图如果不能适应客体的要求，就必须变更原计划或者制定新的意图。适应代表着主体的变化过程。认知发展的过程是主体的自我选择和自我调节的能动的构成过程，均衡是能动构成的原动力。因为每个人的时间和空间都不一样，所以姿态、情感、认知都不一样，反射性地理解对方的情感和认知(同情和同感)的方法是人类通信的重要特征。就像好电影可以引起人与人之间的共鸣。人可以创造"希望"，但"希望"却是一种看不见摸不着的东西，就正如我们总在期待着那些美好的事情，虽然我们也不知道它们是什么，但是它们能让人看见一些新的东西。当人对机器进行编程等处理时，机器也能产生像人类的"希望"一样的东西，但前提是要人来完成。

为了使机器获得与人类类似的沟通和推理能力，有必要将注意力集中在以下方面：单对多与弥聚的表征、公理和非公理的混合推理，以及通过直觉和"间觉"做出决策。首先是对数据进行人为的筛选，通过人类价值观的指导有选择地获取数据，这不仅是一个将客观数据和主观数据合并的过程，也是将个人的先验知识和条件合并的过程。很多时候，看不是人类的"看"。虽然意义重大，但"感觉"包括许多肉眼看不见的东西，如风景、人、世界等。其次，在人机信息处理或数据融合的过程中，非结构化信息体系结构(如自然语言)将逐渐结构化，而机器结构化数据的语法将不再结构化。使用公理基础推论时，为了使整个推论过程更加严格合理，应该结合不合理的推论。在形式中有意图的变换过程是标量的变化和逻辑的变化。从"仿真"到"真"的飞跃，仍然是从语法到语义的过程。最后，在决策输出阶段，人们往往将大脑的各种记忆片段与通过五感获得的信息结合起来，跳过逻辑层面，直接将这些信息的中和结果反映到思维中，形成所谓的"直觉"。"直觉"产生特定的"势"，机器通过计算得到的结果是间接评价的"逻辑"。预感与"间觉"相结合的固有的决策过程是人类与机器智能输出的整合。

二、基本概念

(一) 推理

推理，英文解释为 reasoning，基于《现代汉语词典(第6版)》的解释，推理和理论指的是一种基本的思想形式，具有一种或几种已知的判断(前提)。作为推理新判断(结论)的过程，直接推理和间接推理是推理的最广泛和最基本的定义。例如，客观规律不取决于人的意志，经济规律是客观规律。因此，经济规律不取决于人的意志，已知的推理判断被称为前提，而基于前提的新判断被称为结论。前提与结论的关系是理由与推断，原因与结果的关系。在人工智能领域，我们常用的推理主要有以下几类(如图4-1所示)：

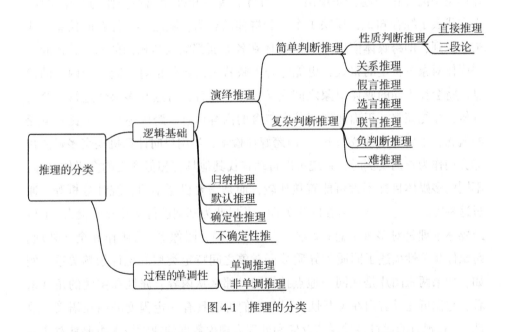

图 4-1　推理的分类

1. 按推理的逻辑基础分类

演绎推理：从我们已经知道的普遍性知识出发，我们在已经掌握的知识中得出适合每个个体情况的结论，作为从一般到个体的推理方法，其核心是三段论。归纳推理：是一个通过足够的示例得出一般结论的推理过程。默认推理：又称为缺省推理。这是一种基于假设的推理，即在不完全知识的条件下满足了某些条件。确定性推理：推理时所使用的所有知识都是正确的，并且得出的结论也是正确的，只有两种情况，或为真，或为假，第三种情况，无论是对还是错，都不会出现。不确定性推理：推理中使用的所有知识都是不准确的，得出的结论也是不确定的。它的值介于真与假之间。

2. 按推理过程的单调性分类

单调推理：得出的结论越来越接近最终目标，显示出单调的增长。非单调推理：不是通过引入新知识来增强已经获得的结论，而是被否定了。

（二）跨媒体信息

随着人类文明的进步和科学技术的发展，信息的收集、传输、处理和分析已从一种媒体格式逐渐变为文本、图像、视频、音频和立体屏幕等多种媒体格式。现在来自社会空间、网络空间、物理空间的各种平台和方式的不同媒体类型混合在一起，展现出丰富的自然属性和社会属性。作为一个整体，它们代表了综合知识，反映了个人和群体的行为。随之，一种新的信息形式被认识到，即跨媒体信息[97]。跨媒体在各方面都能表达相同的意思，比起单一媒体对象及特定的格式，更能综合反映特定内容的信息。同一个内容的信息，将会在不同的媒体对象之间交叉传送、整合，对这些多媒体进行整合与分析，才能完整、正确地理解其中包含的内容信息。跨媒体是一个比较宽泛的概念，主要研究领域如下：（1）跨媒体检索，当用户向计算机提交多媒体目标类型作为查询实例时，系统可以自动查找其他具有相似含义的多媒体目标，不同的多媒体目标不太可能直接比较，而是需要机器学习、统计分析等。通过这种方式，它们学习潜在的相关性，并以此为基础进行交叉介质检索。（2）跨媒体推理是对多种信息（文本、声音、视频、图像等）的协作和全面处理。跨媒体相关性描述了同质和异质数据对象之间特定类型的统计依赖关系。例如，如果两张图片是在同一地点拍摄的，那么从内容、属性和主题的角度来看，它们可能具有内在关联性，因此它们可能具有一定程度的内在语义一致性。（3）现有的通过各种媒体存储和处理大规模数据的搜索技术主要针对文本信息，例如 Google 和百度搜索引擎。

三、问题与挑战

跨媒体智能推理，主要是通过发现不同模式的媒体数据之间的链接来完成模式之间的转换，如机器人就已经通过组合视觉数据、语音数据和传感器数据来获得拟人化的机会。另外，对于互联网上的同一事件可以描述为来自各种来源的媒体数据。

多媒体搜索领域面临的挑战包括语义鸿沟、机器学习、人机互动、多媒体水印、数据挖掘、性能评价、基于互联网的多媒体注释和搜索。随着互联网技术的发展和智能终端的大众化，多媒体技术在移动互联网研究的领域将变得越来越重要，今后几年需要解决的问题如下：(1)在理解多媒体含义的过程中，结合了地理实体在空间和语义推理中的优势，以提高语义理解性能和恢复精度，同时，它在用户反馈和交互知识中仍起着重要作用并且是绝对必要的。(2)在移动互联网环境中实现个性化的检索，通过手机用户的偏好和上下文信息感知用户的意图，以提高检索的准确性。目前，个性化检索技术已成为下一代搜索引擎提供服务的突破。(3)多个媒体流的同步问题：每种多媒体信息包括视频的帧级别和编辑级别的粒度级别，视频的像素级别和区域级别，每种类型的多模式媒体的处理单元都有自己的粒度级别。因此，在不间断的多媒体搜索过程中如何实现多模式数据的同步成为一个新的研究领域。(4)由于智能移动终端的计算能力和网络传输能力的局限性，多媒体跨媒体数据的源数据只能是分布式地存放在不同用户终端上，能否建立快速、有效的索引，提供统一的跨媒体、跨终端的服务标准，将是移动互联网环境下跨媒体信息共享服务发展能否获得突破的瓶颈。

第二节　基于多源信息融合跨媒体智能事件挖掘

一、视频字幕

(一)研究进展

视频字幕的研究进展可以分为两个阶段。在早期阶段，基于模板的语言模型[98][99]构建了视频字幕方法的主流。按照自下而上的范式，这些方法首先将视频中的对象、场景、事件识别出来，并表示为词语，然后采取人工预设的语言模板将这些词语组织成句子。但对语言模板定义的严重依赖，限制了这些方法生成的字幕句子的多样性。最近，具有编码器-解码器结构的顺序学习模型推动了神经机器翻译(NMT)的进展[100]。受此启发，研究者引入"翻译"的思想来解决视频字幕的概率问题，提出了基于顺序学习的视频字幕模型[101]，构建编码器学习视频内容，构建解码器完成从视频内容到字幕句子的转换[102][103][104][105]。

Venugopalan 等人[102]提出了视频字幕端到端学习方式的第一个深度模型。CNN 编码器用于提取每个视频帧的特征，LSTM 解码器用于根据特征向量生成句子。对于视频中多个帧的特征，在将它们送到 LSTM 解码器之前，采用平均池合并策略将它们合并在一起。然而，平均池策略不能很好地利用视频的时间结构。人们采用多种方法来解决上述问题。Yao 等人[106]提出了区分多帧不同贡献的时间注意机制。埃努戈帕兰等人[107]利用 LSTM 网络来构建编码器以及捕捉视频的时间结构。Pan 等人[108]进一步提出了分级的编码器，以在长范围内利用时间结构。朱等人[109]提出了一种多速率视觉递归模型来探索视频中更灵活的时间结构，它可以通过处理不同间隔的视频帧来处理不同的运动速度。

除了时间结构之外，人们还提出了通过注意力机制或结合局部特征编码方法来更好地利用空间信息的方法。杨等人[110]和涂等人[111]提出对时间注意和空间注意的学习是一种组合方式，其中时间注意是为了区分不同的帧并突出重要的帧，而空间注意是为了选择视频帧内的重要部分进行视频字幕。对于空间注意，杨等人将其用于自适应地捕捉不同视频帧中的显著区域以进行区别性特征学习，而涂等人将其用于突出相关对象。徐等人[105]和王等人[112]结合局部特征编码方法来捕获视频中的精细空间信息，其通过对视频帧执行局部特征聚合来学习辨别特征，以提高视频字幕性能。

（二）OSTG 模型及原理

OSTG(object-aware spatio-temporal graph)[113]模型如图 4-2 所示，它构建了时空图，以捕捉视频中突出对象的帧间时空轨迹和帧内空间的相互作用。此外，它还进行了对象感知的局部特征聚合，以学习判别性的时空表征，从而提升了字幕模型的学习能力，提高了视频字幕的性能。

OSTG 包括两个阶段：编码阶段和解码阶段。在编码阶段，对输入视频进行帧提取，通过对象检测从每一帧中获取多个对象，然后构建三个编码器，分别是时间关系编码器、空间关系编码器和全局上下文编码器。时间关系编码器的目的是对帧间动态信息进行编码，它采取双向时间图来捕捉每个物体的动态轨迹，并部署一个可训练的 VLAD 模型来进行物体感知特征聚合，以学习判别性的物体表示。空间关系编码器的目的是对帧内交互信息进行编码，它以空间关系图来表示不同对象之间的空间交互关系，并利用 GCN 模型对图

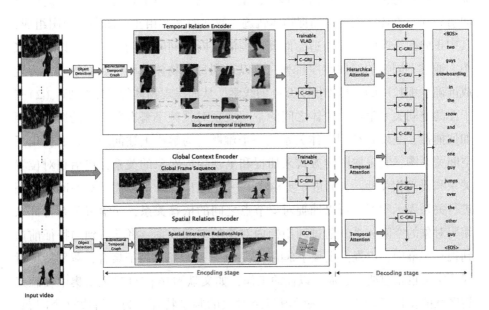

图 4-2　OSTG 模型

数据结构进行处理。全局上下文编码器工作在帧序列上，捕捉视频内容的全局上下文。

在解码阶段，分别针对时间关系信息（时间流）和空间关系信息（空间流）部署了两个解码器，它们都是由门控递归单元（GRU）构建的[114][115]。与 LSTM 类似，GRU 也是一种循环单元，它采取更新和复位门来捕捉不同时间尺度上的依赖关系。GRU 在一些序列建模任务上表现出与 LSTM 相似的性能，但对内存的要求较低。对于时间流，解码器以时间关系编码器和全局上下文编码器的输出作为输入，其中层次注意是为了区分不同对象的贡献，而时间注意是为了突出关键帧。对于空间流，解码器将空间关系编码器和全局上下文编码器的输出作为输入，有助于生成描述对象之间关系的词。全局上下文编码器的输出被输入上述两个解码器中，以提供全局上下文信息。最后，将两个流的输出进行整合，得到字幕句子。

OSTG 呈现出以下优势：（1）双向时空对齐。对于视频字幕来说，如何捕捉视频中多个对象的时间演变是一个关键问题，对于这个问题，如何使同一对象随时间的变化而对齐是必要的，也是一个挑战。为解决上述问题，人们提出了构建跨帧序列的双向时间图，基于该图，从两个相反但互补的时间方向对齐同一物体实例，以捕捉物体轨迹。双向时间图由正向图和反向图组成，其中正向图沿时间顺序构造，而反向图沿反向时间顺序构造。有了以上两张图，通过不同帧的双向时序排列，可以得到每个物体的两个时序轨迹，为生成准确、细粒度的字幕提供了互补的线索，从而呈现物体的时序演变。(2)基于图的空间关系学习。物体之间的空间关系对视频字幕有着重要的影响，但如何捕捉、呈现和利用物体关系是一个难题。为解决上述问题，人们提出了空间关系图，它采取图的方式来捕捉和呈现帧内对象的关系，包括相对位置关系和语义相关性。人们进一步构建了一个基于 GCN 的模型，对空间关系图进行关系表示学习，可以捕捉对象节点之间的依赖关系，并学习关系特征来编码对象的空间关系。通过利用帧内对象的空间关系，将学习到的特征前馈到视频字幕中，以提升视频字幕的效果。(3)对象感知特征聚合，辨别特征对视频字幕也很重要。然而，以往的工作，如文献[116][117]主要集中在感兴趣区域的特征学习上，无法学习每个对象的判别特征。为了解决这个问题，人们提出了对象感知特征聚合，在对象的双向轨迹上构建可训练的 VLAD 模型。通过对每个对象进行局部特征聚合，可以捕捉视频中细粒度的对象感知信息。此外，在句子生成过程中，还应用了层次注意机制，自适应地动态区分多个对象的贡献，提高了字幕性能。

二、视觉-文本

(一)研究进展

从图像-文本前提到文本假设的推理，即视觉-文本推理。如图 4-3 所示[118]，从文本前提，我们知道胡夫金字塔在埃及。从图像前提来看，我们可以通过跨媒体配准识别出狮身人面像，知道它就在库福金字塔旁边。因此，可以推断出"狮身人面像位于埃及"的假说(结论)。这是一个人类非常常见的推理案例，需要不同媒体类型的对位和协作，也是一个具有挑战性的任务。

文本识别也是图像领域的一个常见问题。然而，在自然场景图像中，文本在图像中的位置必须首先定位，然后才能识别。目前，研究者通常采用的范式是先提取前提和假设的特征，然后通过分类器预测它们的包含关系。由于 DNN 已经显示出其较强的复杂关系建模能力，RTE 主要采用 DNN 作为基本模型[119]。例如，Bowman 等人[120]构建了一个深层结构，分别为前提和假设

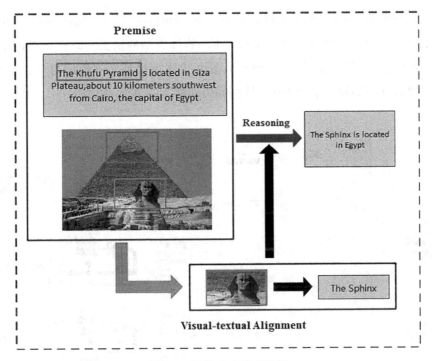

图 4-3　视觉-文本推理案例

建立独立的句子递归模型，然后通过几个完全连接的层来预测包含关系；stack-augmented parser-interpretter neural network (SPINN)[121] 是一种单树序模型，它是针对句子的解析和解释提出的；另外，龚等人[122] 提出了密集交互式推理网络(DIIN)和构建了一个交互式张量来模拟前提和假设的相互作用，并采用卷积网络进行特征提取和包含预测。由于顺序上下文对人类分析文本非常重要，因此人们提出了一些方法，将 RTE 看作是文本与文本之间的序列匹配问题。双边多视角匹配(BiMPM)[123] 将句子序列按 P→H 和 H→P 方向进行匹配。由于考虑了细粒度的上下文信息，顺序匹配策略实现了精度的提高。但是，这些研究仍然局限于文本前提和假设的场景，即基于文本的推理。最近的一些研究尝试采用视觉信息作为文本相似性的外部来源。例如，假设前提包括词"水"，假设包括词"海"。水和海的形象是相似的，所以这两个词是相似的。

（二）VHSM 模型及原理

VHSM(visual-textual hybrid sequence matching)[124]模型(见图 4-4)将 RTE 扩展到一种新的包含识别范式和基于不同媒体类型的前提，即识别跨媒体蕴含(RCE)，以端到端的架构来预测从图像-文本前提到文本假设的包含关系。它主要包括两部分：基于传输的序列编码和视觉-文本包含预测。

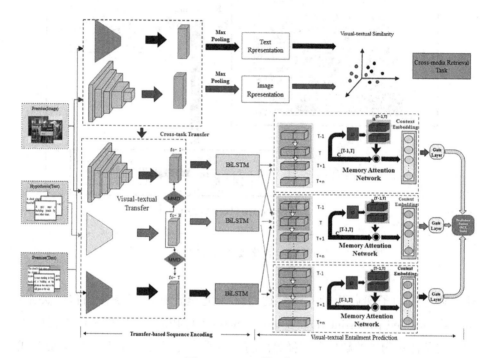

图 4-4　VHSM 模型概述

（1）基于传输的序列编码，旨在依次获得视觉-文本前提和假设的细粒度表征，同时保持视觉-文本的一致性。具体为以下三个内容：

局部特征提取。对于每个前提图像，采用常用的卷积神经网络(CNN)作为特征提取器。具体来说，采用广泛使用的 VGG19[125]模型前的 fc-I 层来提取特征图，然后是全连接层(见图 4-4 中的 fc-I)。由于 VGG19 的最后一个池化层对应的是图像的 7×7 个区域，fc-I 将接收每个区域的特征图来生成局部特征。这些区域被看作是一个序列，被看作是眼睛在瞥见图像时运动的结果。在每个图像前提下的局部特征[126]被表示为：

$$L(i^n) = [\Phi(i_n^1; \theta), \Phi(i_n^2; \theta), \cdots, \Phi(i_n^{s(i)}; \theta)], \Phi(i_n^x; \theta) \in R^{d_I}$$

$$(4\text{-}1)$$

其中 $s(i)$ 表示图像区域号，i_n^x 表示第 x 个图像区域的特征，d_I 是每个图像区域的向量维度（即 fc-I 的维度），$\varphi(\cdot; \theta)$ 表示网络层的输出，其中 θ 表示网络参数。对于每个前提文本，将每个词的特征提取为 Glove 词嵌入向量、字符合成嵌入和精确匹配特征的协整向量。词特征将被送入全连接层 fc-T[127]：

$$L(t^n) = [\Phi(t_n^1; \theta), \Phi(t_n^2; \theta), \cdots, \Phi(t_n^{s(i)}; \theta)], \Phi(t_n^x; \theta) \in R^{d_T}$$

$$(4\text{-}2)$$

同理，将 $s(t)$ 作为字数，d_T 是 fc-T 的维度。假设文本的路径与前提文本的结构相同。

基于转移的共同表示学习。对于 RCE 来说，学习图像和文本前提下的视觉-文字相关性，并调整其线索进行联合推理是非常重要的。然而，由于"异质性差距"，图像和文本的原始表示（i_n^x 和 t_n^x）处于不同的空间，维度不一致。为了解决上述问题，采用视觉-文字共同表征学习的思想。设置 $d_I = d_T$，将 i_n^x 和 t_n^x 投射到一个共同的空间中，其中视觉-文本的相关性实际上是由 fc-I 和 fc-T 捕获的。

顺序信息编码。顺序信息对于人类观察和理解文本和视觉数据非常重要，如文本的自然词序、图像区域上的眼球运动顺序等。在视觉-文字推理中，顺序信息对于语义理解和推理同样重要，因此进一步将前提和假设的局部特征编码为顺序嵌入。采用双向 LSTM（BiLSTM）作为序列编码器。BiLSTM 由前向 LSTM 和后向 LSTM 组成，前向 LSTM 在两个方向上"读取"输入序列，以图像前提路径为例，对于每一个时间步长 x，LSTM 单元的隐藏状态 hd(x) 是通过共同考虑当前输入图像区域和历史序列信息生成的。分别对 3 条路径进行序列编码，最终可以得到文本前提 $R(t^n) = \{r(t)_n^x\}$、图像前提 $R(i^n) = \{r(i)_n^x\}$ 和假设 $R(h^n) = \{r(h)_n^x\}$ 的顺序嵌入。

（2）视觉-文本包含预测。通过混合上下文嵌入和自适应门控聚合获得最终的预测向量。一方面，与广泛研究的 RTE 相比，RCE 可以利用图像和文本中所包含的独特和完整的线索，如图像的场景和外观描述的天然优势。另一方面，它需要捕捉从多源和混合前提到假设的逻辑关系，这在现有的研究中很少被关注。"异质性差距"也成为一个重要的挑战，这导致了图像和文字的表达不一致。具体为以下内容：

混合语境嵌入。对于每一个 $r(h)_n^x$，我们考虑 $[r(i)_n^y, r(t)_n^z]$ 的所有组合。可以生成 3 路序列匹配为：

$$SM(h^n) = \{[r(i)_n^y; r(t)_n^z; r(h)_n^x]\}$$
$$x \in \{1, 2, \cdots, s(h)\}, y \in \{1, 2, \cdots, s(i)\}, z \in \{1, 2, \cdots, s(t)\}$$

$$(4\text{-}3)$$

接下来，通过放大相关维度，同时边缘化其他维度的影响，来发现不同维度的连词的视觉文本互动。这种维度的关注可以看作对给定语境下语义信息的选择。上述的连词被输入结构跟随三角记忆注意力网络(DMAN)中。作为 LSTM 的变种，DMAN 具有比较两个相邻时间步长的记忆的能力，一旦记忆的状态发生变化，就会分配高系数。这可以减少冗余信息流，充分利用联合推理过程中互补的视觉文本线索交互。在这里，为每个路径构建了一个 DMAN 模型，其中包含一个新的 LSTM，并且 DMAN 模型具有独立的参数。

三、语音识别

(一)研究进展

语音识别技术的种子始于 20 世纪 50 年代，在此期间，语音识别研究主要集中在元音、辅音、数字和孤立词的识别上；在 20 世纪 60 年代，语音识别研究取得了长足的进步。通过动态分析和改进，解决了语音信号模型生成与语音信号不同的问题，通过语音信号线性预测码有效提取语音特征。并且在语音识别技术上取得了一定的突破，如动态时间规整(dynamic time warping, DWT)，特别是矢量量化(vector quantization, VQ)和隐马尔可夫模型(hidden markov model, HMM)理论已经基本成熟。20 世纪 80 年代语音识别工作从"孤立词识别"转变为"词量""非特定人群"和"连续语音识别"，认识计算方式从现有的标准模式配比方式转变为以统计模式为基础的方式。这个模型很好地说明了语音的变形和稳定性，所以它被广泛应用于连续语音识别模型中。在语言模型中，代表 N 元法的统计语言模型已被广泛应用于语音识别系统。在这个阶段，将基于语言建模的 HMM/VQ、HMM/GMM、HMM/ANN 语音形态学方法引入 LSVCSR 系统，并且在声音识别方法中出现了一个崭新的突破性现象。语音识别系统已成为现实，在模型设计细分、媒体检索、优化和系统自响应方面取得了较大进步。语音识别系统在语音识别方面也取得了新的进展，包括语音模型研究、听觉模型研究以及快速搜索和识别算法。语音识别技术可以很容易地与其他领域的相关技术结合在一起，以提高认识的准确度，实现商用化。人工深度学习技术在21世纪被使用到语音识别领域，目前语音识别技术进入大规模商用化阶段，并进入多样的生活及生产领域。

声音是模拟信号，声音的时域波形仅代表声压随时间的变化关系，不能代表声音的特征。因此，有必要将声音波形转换成声学特征向量，目前有很多提取语音特征的方法，例如梅尔频率倒谱系数（MFCC），线性预测倒谱系数（LPCC）以及多媒体内容描述接口（MPEG7）等，其中，MFCC基于回顾性频谱分析更符合人们的听觉原理，是最常用、最有效的声音特征提取算法。有三种语音识别的方法：基于语音学和声学的方法、模板匹配的方法以及使用人工神经网络的方法。

1. 基于语音学和声学的方法

该方法从引入所谓的语音识别技术就开始了，但是模型和语音知识太复杂，以至于目前还未进入实用阶段。通常认为常用语言中有有限个不同的语音基元，可以通过音频信号的频带或时间属性来区分，该方法分两步实现：第一步是分段和标号。将音频信号分为时间分布的段落，每个段落具有一个或几个语音的基本元素。然后，根据相应的声学特征，为每个段落分配相似的语音编号。第二步是获取单词序列，根据第一步中获得的语音标记序列创建语音基元网格。从字典中获得有效的单词序列，并组合句子的语法和含义以同时进行。

2. 模板匹配的方法

模板匹配的方法发展比较成熟，目前已达到了实用阶段。在模板匹配方法中，要经过四个步骤：特征提取、模板训练、模板分类、判决。常用的技术有三种：

（1）动态时间规整（DTW）。检测语音信号的端点是语音识别的基本过程，是特征训练和识别的基础。端点检测是指在语音信号中每个段落（音素，音节，词素）的起点和终点的位置去除音频信号的无声部分。最初，进行终端检测的主要依据是能量、幅度和默认速率，但效果通常不明显。在20世纪60年代，日本学者使用了动态时间规整算法（DTW）。该算法的思想是均匀增加或缩短未知量，直到它们很快与参考模型匹配。在此过程中，未知单词的时间轴发生扭曲或弯曲不均匀，从而使特征准确地反映在模型特征中。

（2）隐马尔科夫法（HMM）。20世纪70年代引入了语音识别理论，在自然语音识别系统中取得了突破性的进步，成为语音识别技术的主流。目前有许多词汇和连续语音的非特定语音识别系统以声音模式为基础，HMM 是将声音信号的时间序列作为统计模型使用的双重随机过程。一种是对模拟语音信号统计特性的精确估计过程，另一种是与马尔科夫链条的各个状态相关的序列随机过程，前者通过后者表现出来。人类的语言过程实际上是一个双重随机的过程。声音信号本身就是可视的时变序列。HMM 合理地模仿了这一过程，是一个相对合理的语音模型。

（3）矢量量化(vector quantization，VQ)是重要的信号压缩方法之一，主要用于小单词数量和孤立单词的语音识别，其过程是：将语音信号波形的 k 个样点的每一帧，或有 k 个参数的每一参数帧，构成 k 维空间中的一个矢量，然后对矢量进行量化。在向量量化的设计中，从大量信号样本中设计了一个好的过程图方程，并从实际效果出发设计了一个好的凸图方程。失真测量主要包括均方误差(欧氏距离)、加权的均方误差、Itakura2Saito 距离和似然比率失真测量等。初始码书可以通过随机选择法、分裂法和乘积码法生成。在准确测量和选择了初始码书之后，我们尝试使用 LBG 算法开发和优化初始码书，直到系统性能令人满意或不再显著提高。

3. 使用人工神经网络的方法

人工神经网络是在 20 世纪 80 年代后期出现的一种新的声音识别方法。人工神经系统实际上是模拟人类神经活动的原理，以适应非线性动态系统，具有自发性和并行性。虽然强大的分类能力和输入/输出映射能力在语音识别中非常有效，但是由于训练和区分时间太长的缺点，它仍然只是实验性的搜索，而人工神经网络无法很好地描述语音信号的时间动态特性，因此人们常把 ANN 和传统的识别方法相结合，以各自的优势进行语音识别：(1) ANN 和 DTW：ANN 纳入 DTW 框架中的最简单方法是使用多层感知器模型(MLP)计算 DTW 搜索中的局部路径得分。(2) ANN 和 HMM：一种通过多传感器估算隐马尔科夫模型的状态概率输出的方法；BP 计算方法通过重新估算 HMM 模型因子来实现；通过学习自组织神经网络 Kohonen 的矢量量化方法，可以产生矢量量化码本。

（二）Tacotron 模型及原理

Tacotron[128]的核心是一个带有注意力的 seq2seq 模型。图 4-5 描述了该模型，它包括一个编码器、一个基于注意力的解码器和一个后处理网。在高层，模型将字符作为输入，并产生谱图帧，然后将其转换为波形。

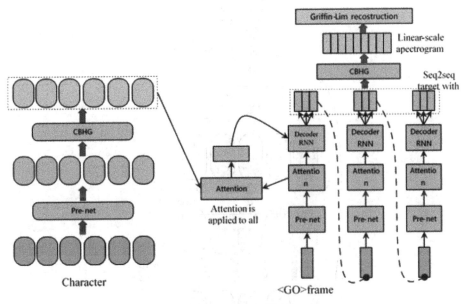

图 4-5 Tacotron 模型

1. CBHG 模块

如图 4-6 所示，CBHG[129]由一个一维卷积滤波器组、一个高速公路网络和一个双向门控循环单元（GRU）的循环神经网络（RNN）组成。CBHG 是一个强大的模块，用于从序列中提取表征。输入序列首先用 K 组一维卷积滤波器进行卷积，其中第 k-th 组包含宽度为 k 的 C_k 个滤波器（$k=1, 2, \cdots, K$）。这些滤波器明确地对局部信息和上下文信息进行建模（类似于对单格图、大格图的建模，直至 K-格图）。卷积输出是叠加的，随着时间的推移，为了增加局部不变性，进行了额外的最大池化。使用 1 步长来保持原始的时间分辨率，然后将处理后的序列移动到几个固定宽度的一维卷积中。通过剩余连接将输出添加到原始输入序列中，并对所有卷积层使用批归一化。卷积输出进入多层公路网，提取高级特征。最后，在顶部堆叠一个双向 RNN GRU，从前后上下文中提取序列特征。

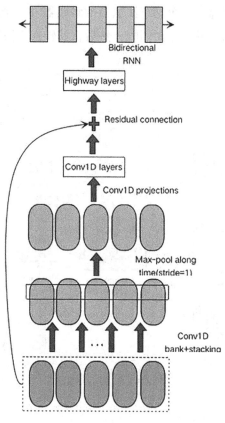

图 4-6　CBHG 模块

2. ENCODER

编码器的目的是提取稳定的文本序列，编码器的输入是字符序列，每个字符代码都标记为列向量，然后嵌入连接的向量中，集合的非线性变换统称为"预网"，应用到每个嵌入中。CBHG 模块将预网输出转换为注意力模块使用的最终编码器表示，这样基于 CBHG 的编码器不仅具有较少的设计集成，而且与多层 RNN 编码器相比也存在更少的错误发音。

3. DECODER

使用基于内容的注意力编码器-解码器，其中一个的感应层在每个编码器-解码器的时间步执行注意力匹配，通过将上下文向量和注意力 RNN 单元输出连接起来形成 RNN 解码器的输入。但是，为了学习语音信号而不是固定压缩，使用不同 seq2seq 执行此任务的动机更有意义，seq2seq 的目标可以固定或高度压缩，只要提供足够的清晰度和频率信息，就可以对其进行训练。

第三节 未来展望

推理是人类的一项重要能力，在人工智能中引起了广泛的关注。在文本理解领域，一个代表性的任务是自然语言推理(也称为识别文本蕴含)，这需要计算机来推断假设是否可以从前提中推断出来。然而，这样的语言蕴含主要关注句子对之间的关系建模，而不是认知层面的推理。许多视觉和语言任务被认为是令人信服的"人工智能"可以完成的任务，除了单一模态之外，还需要多模态推理。最具代表性的任务之一是视觉问题回答(VQA)，其目的是自动推断视觉问题的文本答案。由于深度神经网络在计算机视觉和自然语言处理方面的强大学习能力，这一领域取得了很大的进展。计算机在回答与图像内容直接相关的问题方面取得了长足的进步，如物体的类别、数量和颜色。对跨媒体推理方面的研究，相关学者也做了大量的工作，但是目前的推理网络、推理模型也不是最好的，在未来的发展中在以下三个方面可以更进一步。

一、充分利用无监督模型

在目前阶段，大多数研究者使用有监督的网络进行跨媒体检索和推理，但未来可以利用无监督模型来实现视频字幕，而不依赖于视频-句子对的标注。在确保视频对象没有标签信息的情况下，将这些未标记的学习数据输入算法，最终能够发现数据的内部结构。在无监督网络中，不论是最初始的自编码网络，还是比较高级的生成对抗网络，都体现出让系统自我学习特征的机制，但是模型的训练依然需要一直有监督的误差机制在里面，用有监督的思想指导无监督的训练，或许会成为一个更好的模式。

二、提高推理准确性

对于单一的媒体推理和检索是最为简单的。视觉-文本推理所分析的信息还不够完善，考虑也不够全面，并且依旧属于图像领域。未来的工作中，可以加入外部知识来提高推理的准确性，对于更高的要求研究者可以加入其他媒体类型，而不是局限于两种媒体类型，诸如视频和音频，以提高跨媒体推理的灵活性，还可以充分利用视觉-文本的相关性和融合不同类型的媒体数据，来扩展现有研究的深度和广度。

三、完善语音识别技术

语音识别对信息技术的发展和人民生活水平的提高具有重要意义。在我们日常生活、移动智能手机、工业以及智能家居等领域，语音识别技术有着广阔的发展前景。虽然语音识别在目前也取得了一些进展和突破，但是语音识别系统并不完善。后期计算机信息技术的不断发展将为语音识别技术带来更大的突破，并丰富语音识别系统的研究。随着开发的深入，其开发的空间会更大。

第四节　本 章 小 结

人工智能正从 1.0 走向 2.0，而人工智能 2.0 时代的核心技术就是跨媒体智能。对海量跨媒体网络信息进行分析，研究事件挖掘，通过跨媒体智能推理，将一种类型的多媒体数据转换成另一种多媒体数据，如：从视觉到文本的推理、从图像到图像的推理以及从视频数据到动画序列的演绎等。借助计算机视觉、数据挖掘、深度学习以及注意力等技术，来增强网络视频文本标签的"语义空间"，为推动新媒体环境下跨媒体智能突发事件挖掘走向实际应用，为中国国际话语体系建设提供理论支撑和技术支持，具有深远的研究意义和广阔的应用前景。

第五章　异构信息融合的网络视频
事件挖掘研究

  人类社会活动、计算机系统、生物网络等构成的抽象表示都可以看作一个个信息网络。信息网络在人们的日常生活中是无处不在的，同构信息网络一般是异构信息网络简化所得，只抽取了信息网络中的部分信息，其虽使得建模过程更为容易，但无法描述不同对象与对象(网络模式中不同节点与节点)之间的关系，从而造成了丰富的有价值的语义的丢失。

  相比于同构信息网络，异构信息网络有其特有的优势。现实世界中形形色色的系统大多可以建模为异构信息网络，其具有天然的融合信息的优势。随着互联网技术的不断发展以及大数据时代的来临，数据无疑成为非常有价值的信息，面对海量而又纷繁复杂的数据，挖掘数据的最大价值成为互联网领域研究的热点。面对海量的数据，必然会产生不同类型数据之间的联系，但是如果想要将它们建模为同质网络，则会因为数据的复杂性给研究工作带来很大的困难，并且会造成有价值的数据信息的丢失。因此，异构信息网络对于融合多源异质数据的建模过程并整合更多的信息更具优势，其更容易融合更多的对象及其交互。在传统意义上，同构信息网络通常仅由单一的数据源构成，而异构信息网络超越了单一数据源的融合模式，其可以跨多个数据源融合信息。例如，客户使用百度提供的许多服务，如百度搜索、百度地图等。因此，我们可以将这些不同来源的信息融合到一个异构的信息网络中，在这个网络中，客户与许多不同类型的对象交互，例如关键词、邮件、位置、关注者等。此外，异构信息网络中包含不同的对象和不同的链接关系，使得网络的结构更稳定、更有价值并包含更丰富的语义。从广义上讲，异构信息网络还可以融合跨多个网络平台的信息。比如当今的社交平台巨头：国外的Facebook、Twitter，国内的WeChat、MicroBlog、QQ等，而同一个用户往往不止参与一个社交平台，其拥有不同媒体的社交账号，登录并发布信息。若用户在不同的社交平台发布不同的内容，则每个平台只能获取该用户部分或有偏差的观点，因此我们需要通过构建多个异构信息网络并进行融合来达到连接不同信息的目的，其中每个异构网络表示来自一个社交网络的信息，并使用一些锚节点连接这些网络。

因此，近几年来有越来越多的学者将自己研究领域的数据信息建模为异质信息网络，网络中不同类型的节点和边使得网络的结构信息更有意义。学者徐子沛指出："得数据者得天下"，数据的良性竞争将成为当今时代经济的竞争[6]。所以，要解决这些问题，就要利用好"数据"本身，其隐藏了巨大的商业价值，有待人们的"挖掘"与应用。在计算机语言中，数据分为结构化数据、半结构化数据和非结构化数据。电话号码数据、音频数据、图像数据等都属于不同形式的数据，不同的数据有不同的结构，很难将其建模为同构信息网络。在当今的大数据时代，纷繁复杂的数据交织在信息网络中，异构信息网络自然融合异构多源数据，整合多模态辅助数据的特点及优势使其成为解决当今大数据时代数据多样性的重要途径之一。

第一节　同构与异构信息网络

一、基本概念

(一)信息网络

信息网络由属于多种类型的不同对象以及对象间的不同关系所组成，其中所有对象都属于同一类型的网络被称为同构信息网络，而包含多种类型的对象以及不同关系的网络则被称为异构信息网络[130]。在传统的信息网络模型研究中，会把社交网络如朋友圈[131]，信息网络如作者合作网络、移动通信网络[73]等都抽象假定为同构信息网络，即假定网络中所有的节点都是相同类型的，那么节点和节点之间的链接关系也只有同一种类型。但是，如果将整个网络的节点都视为相同的节点类型，则会丢失其中的语义关系，使得应用的结果并不准确。

实际上，在现实世界中，很多关系可构成信息网络，如书目系统中对象类型有作者、文章、会议等，关系(链接)类型有作者发表文章、作者在某个会议上发表文章、文章被另外一篇文章所引用等，从中可知，在书目网络中有不同的对象类型，也有不同的关系类型；再如，教学管理系统也可抽象构建为一个信息网络，对象类型有学校、学院、老师、学生、科目、成绩等，关系(链接)类型有老师属于某个学院，学生属于某个学院，某个学生是某个老师的学生，某老师授课某科目等。从这些抽象构建的信息网络中，可知现实世界中的大多数"信息网络"都不止包含一种对象类型，不同的对象类型之间的链接也包含不同的关系和语义。所以，现实世界中的网络大多为异构信息网络，而不是同构信息网络，如果将同构信息网络的模型直接应用于异构信息网络，则会造成语义的损失，使得模型的效果不精准。

信息网络可以用一个有向图 $G=(V, E)$ 来表示，其中 V 代表 Object，E 代表 Edge。并且用映射函数 $\phi: V \rightarrow A$ 来表示每一个 object $v \in V$ 属于 object 类型集合 A：$\phi(v) \in A$，用映射函数 $\psi: E \rightarrow R$ 表示每条边 $e \in E$ 属于边的类型集合 R：$\psi(e) \in R^{[1]}$。其中 A 表示对象类型，R 表示关系类型。

(二)同构信息网络

同构信息网络(homogeneous information network)，可简称为同质网络：如果 $|A|=1$ 并且 $|R|=1$，说明这个网络中只包含同一种类型的节点和同一种类型的边。同构信息网络可以看作异构信息网络中的一种特殊情况。

异构信息网络可忽略其网络节点的异质性抽象为同构信息网络，但会丢失其中有价值的语义信息，传统的同构信息网络的分析方法在异质网络上无法获得良好的效果。

(三)网络模式

为了更好地理解信息网络的概念，引入"网络模式(network schema)"来描述信息网络中不同的对象类型以及关系(链接)类型。网络模式表示为 $S=(A, R)$，它是信息网络 $G=\{V, E\}$ 的元模板，具有对象类型映射 $\varphi: V \rightarrow A$ 和链接类型映射 $\psi: E \rightarrow R$，其是定义在对象类型 A 上的有向图，边作为来自 R 的关系[1]。

如图 5-1 所示，(a)为书目网络实例，(b)为书目网络模式，展现了不同对象类型之间的不同链接关系。不同链接关系代表了不同的语义关系，如某作者发表某文章，某文章是某作者撰写的，某文章发表在某会议上，文章和文章之间有引用和被引用(此时有关系 $R=R^-$)等。不同的对象类型在网络模式中可抽象为不同的节点类型，如文章、会议、作者就是此书目网络中的节点；不同的链接关系在网络模式中可抽象为节点与节点之间的边，不同的节点与不同节点之间的边所构成的链接具有不同的语义，不同的边也可能会有不同的权重。

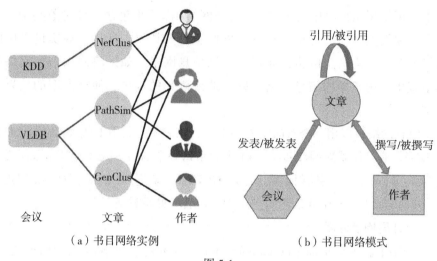

（a）书目网络实例　　　　　　　　　（b）书目网络模式

图 5-1

（四）元路径

元路径（Meta-path）的定义：元路径 P 是定义在网络模式 $TG = (A, R)$ 上的，如 $A_1 \xrightarrow{R_1} A_2 \xrightarrow{R_2} \cdots \xrightarrow{R_l} A_{l+1}$ 表示从 A_1 到 A_{l+1} 的复杂的关系，$R = R_1$。$R_2 \circ \cdots \circ R_l$，元路径 P 的长度即为关系 R 的个数，其中。代表关系的合成运算符，若相同对象类型之间只有一种关系类型，则此路径可表达为 $P = A_1 A_2 A_3 A_{l+1}$。

HIN 是一个新兴的研究方向，能包含复杂的对象和丰富的关系来应用到推荐系统。基于 meta-path 的提出，一些新的方法应运而生，如 meta-path 相似、基于 meta-path 的协同过滤、基于 meta-path 的矩阵分解等。

（五）网络嵌入

网络嵌入（network embedding）在特征提取领域有很大的潜力，在分类、聚类、推荐方面等领域应用广泛。对于信息网络 $G = (V, E)$，网络嵌入的目标是学习每个节点 $v \in V$ 的低维表示 $e_v \in \mathbb{R}^d$，也将其称为嵌入。该问题的目标是自动地将输入异构网络中的对象（最常见的是顶点）投影到潜在嵌入空间中，使得可以对网络的结构和关系属性进行编码和保留。然后，嵌入（表示）可以用作机器学习算法的特征，用于解决相应的网络任务。

二、算法和模型

在数据挖掘领域研究中，one-hot 编码（也被称为独热编码）作为研究过程数据预处理阶段的重要编码形式之一，通常用来处理数据中的离散型变量。例如：有一个文档词汇表，其包含 10 个唯一不重复的词汇（we，the，happy，angry，they，beautiful，Monday，swim，house，today），对这 10 个单词进行 one-hot 编码，则其中每一个单词都是一个 10 维的向量，向量每个维度的值为 1 或 0。如第 3 个单词为 happy，则 happy 的向量表达就是第 3 个维度为 1，其余维度都为 0 的 10 维向量（happy = $[0, 0, 1, 0, 0, 0, 0, 0, 0, 0]$）；如 today 为第 10 个单词，则其向量为（today = $[0, 0, 0, 0, 0, 0, 0, 0, 0, 1]$），此过程实现了将文本转化为词向量矩阵和从非结构化数据到结构化数据的转换。

在异构信息网络中，如果对节点中的信息进行 one-hot 编码，则会使节点的维度过高，很难被应用，所以有学者提出了网络嵌入的方法以改进维度过高的问题。

网络嵌入（network embedding，NE），也称图嵌入（graph embedding，GE），或网络表征学习（network representation learning，NRL）：用低维、稠密、实值的向量表示网络中的节点，也即映射到 K 维的隐空间，是网络表征学习的一种方法，旨在用低维、稠密的向量空间表示高维、稀疏的向量空间，所学习到的特征可以用于分类、回归、聚类等机器学习任务。

数据时代，数据以指数级的速度上涨，信息网络中可能包含百万甚至数以亿计的边缘和节点，不可能将其表达为形如 one-hot 的向量形式，其将会带来巨大的计算量，数据的庞大及复杂性为建模推理带来了巨大的困难。于是有学者提出了网络嵌入，其中心思想就是找到一种映射函数，该方法可解决一些维度过高的问题，即将网络中的每个节点转换为低维度的潜在表示（latent representation）。

网络嵌入方法具有以下几方面的特征[123]：

（1）适应性（adaptability）：真实的社交网络在不断发展；新的社会关系不应要求重复学习过程。

（2）连续性（continuous）：需要潜在的表示来对连续空间中的部分社区成员进行建模。除了提供社区成员的细微差别外，连续表示还具有社区之间的平滑决策边界，从而可以进行更可靠的分类。

（3）社区感知（community aware）：潜在表示中节点与节点的距离即表示真实网络中成员与成员的距离，如图 5-1(b)所示，因此要求其能够泛化。

（4）低维（low dimensional）：当有标注的数据稀缺时，低维模型可以更好地泛化，并加快模型的收敛和推理速度。

（一）DeepWalk

DeepWalk[123]是网络嵌入的典型代表算法，其是第一个提出来将自然语言处理（NLP）的思想应用于网络表示学习上的算法，其输入为一张图或一个网络，输出为网络中每个节点的潜在（向量化）表示。DeepWalk 思想的创新点在于其观察到文本语料中词语出现的频率服从幂律分布，而随机游走的网络上节点被访问到的次数也服从幂律分布，即相似的词总是出现在相似的位置，网络中的节点也有这种规律。其算法核心思想在于将随机游走和 skip-gram 结合，把语言建模的思想应用于社交网络，则可将深度学习的方法运用于其中。因此，将信息构建为网络模式，不但可将节点表示出来，还能表示出节点与节点之间的网络拓扑关系，即意味着距离近的点代表社会关系好。其将节点映射到低维的向量空间中，在 DeepWalk 中，所有节点类型都是相同的，所以它们可以映射到同一向量空间中。

自然语言处理中，若 $w_i^u = (w_0, w_1, w_2, \cdots, w_n)$ 代表指定单词组成的单词序列，且 $w_i \in V$（Vocabulary），V 代表词汇表，即所有单词组成的词汇集合，则其需要优化的目标是 $P_r[w_n \mid (w_0, w_1, \cdots, w_{n-1})]$。

如有单词序列 We are working now（$w_0 = $ We，$w_1 = are$，$w_2 = $ working，$w_3 = $ now），优化目标为 $P_r[w_3 \mid (w_0, w_1, w_2)]$，其语义为当知道输入为 We are working 后，下一个词为 now 的概率。

如果将单词对应成网络中的节点 V_i，句子序列对应网络中的通过随机游走产生的节点序列，那么对于一个随机游走 $(V_0, V_1, \cdots, V_i)$ 要优化的目标就是：

$$P_r[V_i \mid (V_0, V_1, \cdots, V_{i-1})] \tag{5-1}$$

上述公式的含义是当知道游走路径 V_0，V_1，$\cdots$，V_{i-1} 时，预测游走的下一个节点 V_i 的概率。V_i 是网络中的一个节点，其本身无法预测，所以需要引入映射函数将其映射为向量，然后对其进行计算。

$$\Phi: v \in V \quad \mathbb{R}^{|V| \times d} \tag{5-2}$$

此公式中，$|V|$ 表示顶点的数量，d 表示每个顶点的向量维数，所以 $|V| \times d$ 代表每个顶点的向量矩阵。

然后将得到的节点序列（representation mapping）放到 Skip-gram 模型中进行训练（向量学习），得到输入。应用 Skip-gram 模型后的优化目标如下：

$$\underset{\Phi}{\text{minimize}} - \log \Pr \big[(v_{i-w}, \cdots, v_{i+w}) \setminus v_i \mid \Phi(v_i) \big] \tag{5-3}$$

Skip-gram 模型（如图 5-2 所示）属于自然语言处理 word2vec[124] 模型之一，是一个简单的三层神经网络，给定 input word 来预测上下文，这里类比就是给定节点 u[122] 预测邻居节点 $N(u)$。此模型分为两步，第一步为建立模型，第二步为通过模型获取 embedding（嵌入词向量）。当完成模型的训练以后，主要目的并不是用此模型去对新的数据进行处理，而是获得此模型需要的参数，即隐层的权重矩阵，进行训练的目的是使 output word 的概率值最大。

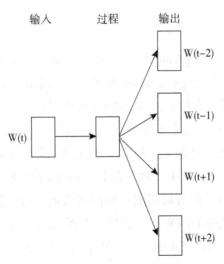

输入　　　过程　　　输出

W(t)

W(t−2)

W(t−1)

W(t+1)

W(t+2)

图 5-2　Skip-gram 模型框架

如有一个句子为"I went to the library to study English yesterday"。首先我们选句子中间的一个词作为输入词（如图 5-3 所示），例如选取"library"作为 input word；第二步需要定义参数 ship_window，其代表从 input word 两边选取单词，如［ship_window = 2］表示从 library 左右两边分别选取两个单词，此时窗口大小为['to" the" library" to" study']；另外需要设置参数 num_skips，表示从窗口中选取几个词作为 output word。此例中，当[ship_window = 2][num_skips = 2]表示会得到两组(input word, output word)形式的训练数据，即(library, the), (library, to)。最后，将训练数据输入神经网络，其会根据训练数据得到概率分布，输出层每个节点都会输出一个在 0 与 1 之间的概率值，即表示各单词与 input word 同时出现的概率。

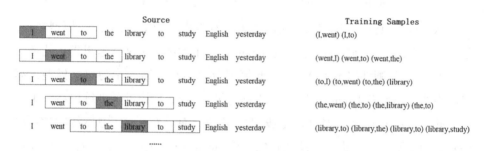

图 5-3　Skip-gram 简例

(二) Node2vec

Node2vec 算法是 DeepWalk 算法的进一步扩展，它们的关键区别在于，DeepWalk 在图上使用简单的无偏随机漫游，其选取随机游走序列中下一个节点的方式是均匀随机分布的；而 Node2vec 允许灵活定义随机漫游，其引入超参数 p 和 q，通过可调参数来控制搜索空间，通过这种方式可将宽度优先搜索和深度优先搜索引入随机游走序列的生成过程。宽度优先搜索(BFS)注重临近的节点，例如，在图 5-4 中，对于大小为 $k = 3$ 的邻域，BFS 对节点 S_1、S_2、S_3 进行采样，其刻画了相对局部的一种网络表示。深度优先搜索(DFS)反映了更高层面上的节点间的同质性，邻域由在距初始节点不断增加的距离处顺序采样的节点组成。在图 5-4 中，DFS 采样 S_4、S_5、S_6。研究者通过开发一种灵活的偏向随机游走程序来实现这一点，该程序可以 BFS 和 DFS 的方式探索社区。

还有 LINE[125] 分别提出了一阶相似度和二阶相似度，一阶相似度为直接相连的节点之间的相似。二阶相似度为不直接相连，存在相同邻近节点的相似，此外，二阶相似还会考虑有向图的情况，使其既可应用于有向图也可运用于无向图。SDNE 模型[35] 借助于深度自动编码机来抽取网络结构的非线性特征，其可以看作基于 LINE 的扩展，同时也是第一个将深度学习应用于网络表示学习中的方法。

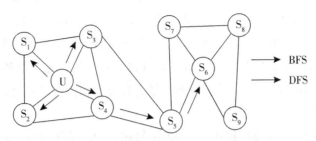

图 5-4 $k = 3$ 时 BFS 和 DFS 的搜索策略

（三）异构网络中代表性算法和模型

1. 基于元路径相似度

基于元路径的随机游走：可以更好地从复杂的异构信息网络中抽取结构信息，选择有价值的语义的路径。

（1）PathSim。它研究了异构网络中同类对象间的相似性搜索问题。此外，通过考虑网络中不同的链接路径，可以推导出各种相似语义。另外，由于真实网络的稀疏性，相似的对象可能不共享直接邻居，并且较长的元路径会将相似性传播到远程邻居，因此元路径并不是越长越好。

给定一个用户指定的 meta-path P：$A_1 \xrightarrow{R_1} A_2 \xrightarrow{R_2} \cdots \xrightarrow{R_l} A_{l+1}$，节点 $x \in A_1$，$y \in A_l$，根据它们之间符合 P 的路径实例，可以定义几个指标：

Path Count：在节点 x，节点 y 之间符合 meta-path P 的路径实例 P 的数目：

$$s(x, y) = |p: p \in P| \tag{5-4}$$

Random Walk：$s(x, y)$ 是从节点 x 开始到节点 y 结束，服从 P 的随机游走概率。

PathSim 算法：基于对称的元路径的相似性算法

$$s(x, y) = \frac{2 \times |p_{x \to y}: p_{x \to y}|}{|\{p_{x \to x}: p_{x \to x} \in p\} + \{p_{y \to y}: p_{y \to y} \in p\}|} \tag{5-5}$$

其中，$p_{x \to y}$ 表示在元路径 P 下从节点 x 到节点 y 的路径实例总数；

$p_{x \to x}$ 表示在元路径 P 下从节点 x 到其自身的路径实例总数；

$p_{y \to y}$ 表示在元路径 P 下从节点 y 到其自身的实例总数。

这个公式代表了对称元路径的相似度，这里的对象 x、y 是同类型的。

这个公式说明，给定某一个对称元路径 P，PathSim 和两部分有关：

①符合 P 的路径模式下，对象 x 到对象 y 的总路径数越多，相似度越高。

②符合 P 的路径模式下，对象 x，y 到各自的总路径数是一个归一项，刻画了对象 x 与对象 y 在 P 模式下自身的可达路径总数，这个值越大，说明 x，y 自身在图里面沿着 P 路径的链接越发散，在考虑相似度的时候，需要这一项来做归一约束。

此外，还有文献[61]提出了 SemRec 算法，使用基于加权元路径的相似性度量策略；文献[126]提出了 HeteSim 算法用于度量任意元路径下任意对象的相似性等；文献[127]提出了基于元路径相似度的异构信息网络嵌入方法。

(2)异构网络表征学习。近年来，异构网络挖掘已转向基于表示学习的技术。异构网络表示学习的目标是自动学习网络对象(如顶点、边和子图)的潜在低维嵌入。其前提是可以将输入网络的内在结构和语义属性编码到潜在嵌入向量中，从而有利于异构网络上的应用和任务。例如，用户和项目的网络嵌入向量可以作为在线推荐系统的特征输入。要学习表达嵌入，目前的研究进展可以分为两大类：浅层模型和深层模型。

在异构信息网络中，将所有节点都映射到同一向量空间是一件极其有难度的事情，而且并不利于建模计算过程。所以有学者将不同类型的节点映射到不同的向量空间中，如文献[1]利用元路径从异质信息网络中抽取包含不同语义的同质信息网络，并对这些同质信息网络进行网络嵌入，然后通过融合函数对这些嵌入进行融合，最后通过矩阵分解方式进行评分预测。

2. 浅层模型

基于随机游走：HeRec[1]利用随机游走、节点类型约束及过滤将电影推荐的异构信息网络分解为多个同质网络，每个同质网络都包含不同的语义，分别对每个同质网络进行表示学习(节点嵌入)，再进行融合，从而改进推荐的效果。

如用户对电影评分中，主要的节点为 User、Movie，主要的链接关系(边包含的语义)为用户对电影的评分，但是现实网络中，用户对电影的评分非常稀疏，使得整个网络的结构不稳定，推荐效果也不尽如人意。HeRec 可以利用异构信息网路的优势自然融合网络中节点的辅助信息，如路径 user-movieactor-movie-user(UMAMU)表示的语义为两个用户对同一个演员演的电影作品评分，user-movie-director-movie-user(UMDMU)表示的语义为两个用户对同一个导演导的电影作品评分。当不同的用户对同一个演员演的电影作品或同一个导演导的电影作品有相近的评分时，可以在一定程度上判断用户具有相似的电影喜好。因此，辅助信息可以丰富网络中的节点信息，使得有更多的路径可以随机游走，进而可以挖掘出更丰富的语义信息并解决推荐中存在的数据稀疏问题，使得网络的结构更加稳定。

当选择有意义的元路径后，通过删除与起始节点类型不同的元路径实现节点的过滤，将相同的节点类型隐射到同一空间，即将一个异质网络转化为不同的同质网络。这样做可以使得节点能够利用与其更相关的同一类型的邻居，而不是不同类型的邻居。最后利用网络嵌入表示学习到的路径，并结合MF框架进行推荐。图5-5表示元路径的选择及过滤过程。

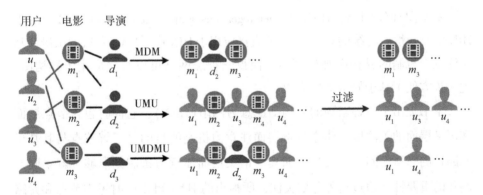

图5-5　HeRec：基于随机游走的元路径选择及过滤

此外，还有基于随机游走的 Metapath2Vec[64]、HIN2Vec[56]等浅层模型：Metapath2Vec 利用随机游走抽取节点的异构领域信息，然后利用 Skip-gram 进行节点嵌入，其能识别不同网络对象之间的结构和语义关联；HIN2Vec 模型使用户能够捕获丰富的关系语义和网络结构的细节，以学习 HIN 中节点的表示，并且其可以自动学习 HIN 中节点的特征向量，以支持多种实际网络中的 HIN 应用，包括多标签节点分类和链路预测；基于分解方法的 PTE 算法[67]，其将文本异质网络分解成三个子网络，分别学习其向量表示：word-document 子网络、word-label 子网络、word-word 子网络。

3. 深层模型

近年来，随着深度学习的发展，深层模型在自然语言处理以及计算机视觉等领域都取得了较大的成就，起初，深层模型多用于同质网络，如利用深度自动编码机来抽取网络结构的非线性特征等。但随着数据的类型更加丰富多样，越来越多的研究人员开始尝试研究深层模型在异构网络中的性能，深层模型可以更好地捕捉非线性关系，从而抽取节点所蕴含的复杂语义信息。经过实验验证，深层模型在异构网络上表现出良好的性能。

浅层网络 Metapath2vec 设计了一种基于元路径的随机游走算法，并利用 Skip-gram 进行异构图嵌入。但是，Metapath2vec 只能利用一条元路径，可能会忽略一些有用的信息。类似于 Metapath2vec，HeRec 提出了一种类型约束策略来过滤节点序列，并捕获反映在异构图中的复杂语义。HIN2Vec 执行多个预测训练任务，同时学习节点和元路径的潜在向量。这些算法都没有考虑异构图表示学习中的注意力机制。

基于图神经网络：HAN[66]（heterogeneous graph attention network）：由于 HIN 的复杂性，传统的 GNN 并不能直接应用于 HIN 中。HAN 首次尝试研究基于注意力机制的异构图神经网络，使得图神经网络可以直接应用于异构图，进一步方便了基于异构图的应用。

本书提出了一种新颖的异构图注意力网络（HAN），它同时包含节点层面和语义层面的关注度。建立节点层面注意力机制的目的是了解节点与其基于元路径的邻居之间的重要性，而建立语义层面注意力机制则能够了解不同元路径的重要性。通过这种分层关注，所提出的 HAN 可以同时考虑节点和元路径的重要性。此外，HAN 模型的效率很高，与基于元路径的节点对的数量呈线性关系，适用于大规模异构图。HAN 模型不仅具有良好的性能，而且它对于图分析的潜在的良好的可解释性也得到了证明。

节点层面的注意力权重机制：在异构信息网络中，节点可以通过不同的关系联系起来，如给定一个元路径，每个节点都有许多基于元路径的邻居。对于重要性不同的邻居给予不同的关注度是必要的，从而给它们分配不同的关注值。如电影《终结者》可通过导演詹姆斯·卡梅隆连接到电影《泰坦尼克号》和电影《终结者 2》，因为《终结者》和《终结者 2》都属于科幻类型电影，而《泰坦尼克号》属于爱情类型电影，所以要求模型更加关注《终结者 2》而不是

《泰坦尼克号》。

语义层面注意力机制：其目的是了解每个元路径的重要性，并为它们赋予适当的权重。如电影《终结者》既可以通过电影-演员-电影（都是由施瓦辛格主演）连接到《终结者2》，也可以通过电影-年份-电影（都是在1984年拍摄的）连接到《鸟人》。然而，当已确定所选择的对象为电影《终结者》这一类型时，MAM路径通常比MYM路径扮演更重要的角色。因此，不同的元路径应被赋予不同的权重，这样可以使得元路径所表示的含义更准确并且有意义。

如图5-6所示，（a）表示将所有类型的节点（包括相同类型的节点和不同类型的节点）都投影到一个统一的特征空间中，以节点层面的注意力机制学习基于元路径的节点对的权重；（b）表示联合学习每条元路径的权重，并通过语义层面的注意力融合特定语义的节点嵌入；这两个节点是同一个节点，但是其元路径不同，元路径不同则其邻居不同。左边聚合的邻居为1、2、3、4；右边聚合的邻居是5、6、7、8，在节点层面上，由于节点的异构性，不同类型的节点具有不同的特征空间。因此，对于每种类型的节点，其有不同的权重，则可将其邻居的信息聚合在一起生成一个嵌入（embedding）。

$$z_i^{\Phi} = \sigma\left(\sum_{j \in N_i^{\Phi}} \alpha_{ij}^{\Phi} \cdot h_j'\right) \tag{5-6}$$

其中z_i^{Φ}是元路径Φ中节点i的学习嵌入，每个嵌入的节点都是由其邻居聚合的。由于注意力权重α_{ij}^{Φ}是针对单个元路径生成的，因此它是特定于语义的，能够捕获一种语义信息。

若同一个节点在三条元路径下聚合出三个embedding，三个embedding刻画的是不同的语义，不同的语义对后续的预测起的作用是不同的，因为有的元路径效果较好，有的效果较差，所以再利用一个Attention机制，将三个embedding做一个融合，将最后的结果做一个预测。

除HAN外，还有基于自动编码器的方法——SHINE[128]算法，其分别对情感网络、画像网络、社交网络的异质信息进行压缩编码以得到特征表示，最后通过聚合函数进行聚合；基于强化学习或基于生成对抗网络的方法进行深度学习。

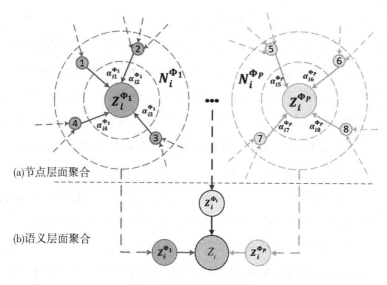

(a)节点层面聚合

(b)语义层面聚合

图 5-6　不同层面的聚合

第二节　基于异构信息协同优化的网络视频事件挖掘

近年来，移动互联网的快速发展和智能手机的普及使其成为人们获取信息的主要工具。随着 5G 时代的到来，网络视频也成为信息交流的主要载体。以 YouTube 为例，每月有 19 亿用户登录，人们每天观看超过 10 亿小时的视频，每天观看超过 10 亿次。在不久的将来，主流媒体将把网络视频作为主要的新闻传播手段。此外，视频制作设备和存储媒体的价格大幅下降，进一步降低了新闻制作和传播的成本。自媒体和探讨个性化话题的新媒体将成为广大用户信息传播和共享的新渠道。海量的网络视频、快速的信息传播渠道以及无处不在的信息生产者和传播者，使得普通用户很难掌握每个热点话题涉及的重大事件。

网络视频视觉信息丰富，但易受视频编辑、光照和拍摄角度等因素的影响，导致视觉相似度检测不准确的问题。为了解决这个问题，视频之间的高级语义关联将非常有用。如图 5-7 所示，有三个组（NDK_1 和 NDK_4、NDK_2 和 NDK_5、NDK_3 和 NDK_6），由六个 NDK（接近重复的关键帧）组成。不同的光照条件、角度和视频片段会导致视觉相似性检测错误，在视觉上相似的关键帧应该被分配给不同的 NDK。很容易发现，对于每个组，由这些视觉上相似的关键帧表示的对象的文本信息是相关的。比如，第一组（NDK_1 和NDK_4）的标题是《北京奥运会倒计时 100 天》，第二组（NDK_2 和NDK_5）的标题是《北京奥运歌曲奖颁奖晚会》，第三组（NDK_3 和NDK_6）的标题是《菲尔普斯在北京》。因此，NDK 之间的高层语义互相关可以挖掘出更多视觉表达不同的 NDK。

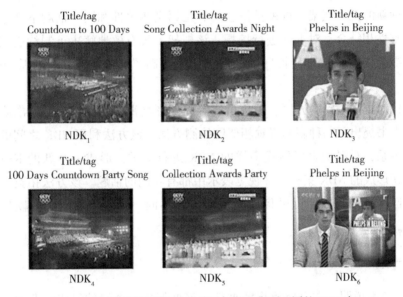

图 5-7　具有相同话题的关键帧示例被聚集到不同的 NDK 中

　　然而，只有十几个词被用来描述社交网络中每段视频的内容。此外，共识、一词多义、多种语言、认知能力、习惯词汇和受教育背景使人们在上传网络视频时使用完全不同的术语，甚至是重复的网络视频。这导致描述网络视频的术语重复率低，文本信息数据稀疏，难以挖掘出足够有效的网络视频高层语义关联。因此，文本信息的稀疏性成为一个新的亟待解决的问题。此外，视觉上相似的关键帧被分配给不同的 NDK（如图 5-7 所示），这加剧了数据稀疏性的问题。因此，我们可以利用高度的语义关联度来发现视觉上相似的 NDK，并将它们组合在一起。通过这种方式，可以成功地将话题相似但视觉表示不同的大量关键帧聚集在一起，形成新的 NDK 集。此外，上述方法可以提高描述视频的词语的使用频率，从而缓解文本数据稀疏的问题。如图 5-7

所示，"100 天""倒计时""歌""菲尔普斯在北京"使文本信息的特征更加稳定。此外，对于文字信息中的一些词，比如只出现一次的"奖"等，这些词的重要性也可以凸显出来。它们可以用来发现视觉上相关的 NDK 丢失的语义信息，从而丰富文本信息，有效地解决数据稀疏的问题。

因此，结合不准确的视觉相似性检测信息和稀疏文本信息，本书提出一种协同优化的基于网络视频的事件挖掘框架。

针对视觉表达形式千变万化和噪声文本信息数量有限的挑战，本书提出了一种新的挖掘框架，将视觉信息的高层语义相关性和同一话题下文本描述的丰富性相结合，对事件进行挖掘。该框架不仅有效地解决了制约底层视觉特征准确性的视觉奇异性问题，而且大大提高了文本分布特征的影响力和效果。

针对视频编辑、光照、拍摄角度等因素影响视觉相似度检测不准确的问题，本书提出了一种新的视觉相似度检测方法。该方法利用 NDK 之间的高层语义关系，对视觉表现形式多样的 NDK 进行聚类，形成一个新的 NDK 集。每个新形成的 NDK 集在各种视觉表示中都有相同的话题。该方法拓宽了视觉相似性检测的范围，可以将更多视觉形式不同、话题相同的关键帧集合在一起。

一、理论与框架

图 5-8 说明了本书所提出的框架，该框架由三个组件组成，即数据预处理、协同优化和 MCA。

经过数据预处理后，形成每个话题的指标矩阵，每个 NDK 为行，每个词为列。计算每个词在所有 NDK 中的分布特征，最后一列用于标记每个 NDK 实际属于哪个事件。由于每个 NDK 只代表一个话题的一个视觉表示，并且关键帧之间存在视觉相似性检测错误，这将使 NDK 更加分散。每个 NDK 都被许多术语所描述，文本特征则传达有用的信息。因此，本书尝试挖掘每个 NDK 的文本分布信息。然而，术语是由普通用户上传的，因此，文本分布特征很容易受到表达习惯、受教育背景、语言等因素的影响。文本分布特征的稀疏性成为一个不可避免的问题。这可能会导致不准确和不稳定的文本分布特征。为此，本书提出一种新的协同优化模型来解决相似度检测不准确和文本稀疏性问题。

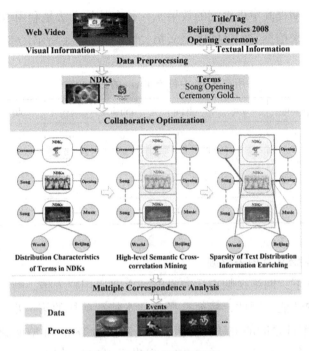

图 5-8　本书提出的框架

由于 MCA 可以发现矩阵中多个变量之间的相关性，可以将文本与 NDK 之间的关系转化为各变量之间的相关性计算。因此，可以通过 NDK 中文本的特征分布来融合文本和视觉信息从而实现事件挖掘。经过 MCA 后，可以根据 NDK 与 MCA 计算出的事件的对应关系，将 NDK 代表的每个视频分类为相似度最大的事件。

（一）Term 在 NDKs 中的分布特征

众所周知，同一话题或场景中的事件可以通过各种视觉表现形式来表现。视觉表现形式的丰富性在一定程度上增加了视频间相似性检测的难度。例如，视频容易受到照明、镜头、视频编辑和视觉相似性检测算法的影响。在检测视觉相似性关键帧时，具有相同话题的关键帧也可以被划分为完全不同的 NDK。这将给基于网络视频的事件挖掘带来巨大的挑战。然而，网络视频通常使用文本信息来描述带有标题和标签的视频内容。这些词之间往往可以表达相同的话题，这对仅基于底层视觉特征的事件挖掘有很大的帮助。因此，本节通过挖掘文本信息之间的语义互相关来挖掘和利用视觉近似关键帧之间的相关性，以期提高事件挖掘的效果。一种有效的方法是利用 NDK 中统计特征的分布特征来挖掘它们之间的语义相关性，如表 5-1 所示。

表 5-1　　　　　　　　　　所有 **NDK** 中每个 **Term** 的文本分布

	opening	song	olympic	music	...	gold	event label
NDK_u	✓	✓	0	✓	0	0	0
NDK_v	✓	✓	✓	0	0	0	0
...	0	0	0	0	...	0	...
NDK_p	0	0	0	0	...	✓	1

（二）高层语义互相关挖掘

一般情况下，网络视频充斥着噪音，由普通用户上传。嘈杂的项目会降低事件挖掘的性能。因此，特征选择是文本特征剪枝的第一步。为了更好地探索 NDK 和事件之间的关联，构建表 5-1 来描述 Term 和 NDK 之间的对应关系。矩阵中的每一行表示一个 NDK，列表示对应的单词（术语）是否出现在 NDK 中（除了最后一列表示 NDK 所属的类别（标签））。例如，NDK_u 和 NDK_V 都包含"开幕词"和"歌"，其表示话题"北京奥运会开幕曲"。因此，每个 NDK 具有被描述为由一定数量的单词组成的单词集合 T 的对应文本，其可以用公式(5-7)表示。

$$T = \{t_1,\ t_2,\ \cdots,\ t_i,\ \cdots,\ t_n\} \tag{5-7}$$

其中 t_i 表示第 i 个 Term，T_{NDK_u} 表示 NDK_u 对应的 Term 集合，$NT_{NDK_u,\ t}$ 表示分布在 NDK_u 对应的 Term 的 TFIDF 值，每一个 NDK 对应的 Term 分布具有明显的稀疏性。但是，这些视觉上相似或者内容上相关的 NDK 之间都具有相同的文本描述，即存在着丰富的语义相关性。如表 5-1 中所示 NDK_u 对应的单词集 $T_{NDK_u} = \{t_1,\ t_2,\ t_4\}$，$NDK_v$ 对应的单词集 $T_{NDK_v} = \{t_1,\ t_2,\ t_3\}$，两个 NDK 都有相同的文本描述，即 t_1 和 t_2。这意味着在文本信息层面，NDK_u 和 NDK_v 存在语义相关性。最后，生成对应关系矩阵 NT（如表 5-2 所示），其中每个元素 NT_{ij} 在公式(5-8)中定义。

$$NT_{ij} = \frac{TF_{i,\ j}}{N_j} \times \log \frac{N}{DF_i} \tag{5-8}$$

其中，TF_{ij} 表示单词 T_i 在 NDK_j 中出现的频率，N_j 是 NDK_j 中所有单词的数量，DF_i 是包含第 i 个术语 T_i 的 NDK 的数目，N 表示 NDK 的数目。

表 5-2　　　　　　　　　**在 NT 计算后所有 NDK 中每个 Term 的文本分布**

	opening	song	olympic	music	...	gold	event label
NDK_u	0.25	0.20	0	0.15	0	0	0
NDK_v	0.23	0.16	0.10	0	0	0	0
...	0	0	0	0	...	0	...
NDK_p	0	0	0	0	...	0.15	1

然而，由于个体知识水平和认知能力的不同，不同的人对同一图片的文本描述可能会有不同的理解和兴趣。这样，同一话题将使用不同的词来描述，从而导致每个 NDK 对应单词集的文本分布具有各自的特点。例如，NDK_u 对应的单词集的文本分布值高于 NDK_v（如表 5-2 所示）。NDK 的这些显著特征很容易导致 NDK 对应的文本信息特征不稳定，即对应 TFIDF 值不能准确反映文本分布情况。

因此，针对单个 NDK 我们考虑每个单词的文本分布 TFIDF 值与 NDK 对应单词集的整体语义特征的偏差 NT′。其中 NDK 对应单词集的整体语义特征用 $\overline{NT}$ 表示，以 NDK_u 为例，其计算公式如下：

$$\overline{NT_{NDK_u}} = \frac{1}{u} \times \sum_{t=1}^{n} NT_{NDK_{u,t}} \tag{5-9}$$

其中，u 表示 $NT_{NDK_{u,t}}$ 不为零的个数，$\sum_{t=1}^{n} NT_{NDK_{u,t}}$ 表示 NDK_u 对应的 Term 集中各个单词的 TFIDF 值的和。

$$NT'_{NDK_{u,t}} = NT_{NDK_{u,t}} - \overline{NT_{NDK_u}} \tag{5-10}$$

每一个 NT′ 既包含对应单词的语义特征，也融合了整个 NDK 对应的单词集的整体语义特征，从而解决了不同视频上传者由于自身的语言使用差异和爱好造成的单个 NDK 对应单词集的文本分布具有各自特点的问题，增强了文本特征的鲁棒性。因此，可通过 NDK 之间文本信息的语义关联来判断 NDK 之间的相似性。NDK 之间共同使用的单词越多，说明其语义关系越丰富，即 NDK 之间的相似度越大。

如表 5-2 所示，所有 NDK 对应的所有术语集通过 NDK 之间的语义关系来捕获它们的关联。公式(5-11)计算 NDK_u 和 NDK_v 的相似度，其中 $NT_{NDK_u, t}$ 来源于公式(5-9)：

$$Sim(NDK_u, NDK_v) = \frac{\sum_{t \in I} NT_{NDK_u, t}' * NT_{NDK_v, t}'}{\sqrt{\sum_{t \in I} (NT_{NDK_u, t}')^2} \sqrt{\sum_{t \in I} (NT_{NDK_v, t}')^2}} \quad (5-11)$$

$Sim(NDK_u, NDK_v)$ 可以剔除变量量纲影响，用来计算两个 NDK 每单位变化时的相似程度，挖掘 NDK 的视觉相关性，找到被错误分配到不同 NDK 中的在视觉上相似的 keyframes 以及表现形式不同但内容相同的 NDK，将它们重新聚在一起形成新的 NDK 集合。Sim 的取值范围为[-1, 1]，当 Sim 大于零时，表示两个 NDK 之间呈正相关性；当 Sim 小于零时，表示两个 NDK 之间呈负相关性；当 Sim = 0 时，表示两个 NDK 之间没有相关性。Sim 绝对值越大，两个 NDK 之间的相关性越强。

其中 $Sim(NDK_u, NDK_v) \neq 0$ 而 $Sim(NDK_u, NDK_p) = 0$。因此，通过 NDK 之间相似度不为零可以得到与 NDK 相关的视觉近似关键帧集合 $U = \{NDK_u, NDK_v, \cdots\}$，结果如表 5-3 所示。融合 NDK 之间的语义关联和文本分布值 NT 来计算 NDK 之间的相似度。这样，我们可以发现错误分配给不同 NDK 的关键帧，这些 NDK 具有相同的内容但不同的表达形式。最后，我们可以形成一组新的视觉上相关的 NDK。

表 5-3　　　　　　　相似 NDK 集合对应的单词集分布

	opening	song	olympic	music	...	gold	event label
NDK_u	0.25	0.20	✓	0.15	0	0	0
NDK_v	0.23	0.16	0.10	✓	0	0	0
...	0	0	0	0	...	0	...
NDK_p	0	0	0	0	...	0.15	1

（三）文本分布信息浓缩的稀疏性

如表 5-3 所示，不难发现，NDK_u 对应的单词是"opening""song""music"等；NDK_v 对应的术语是"opening""song""Olympic"等；而"music""Olympic"则分散在不同的 NDK 中，导致文本分布信息稀疏的问题。虽然两个单词可能不会同时出现在两个 NDK 的对应单词集中，但它们可能有助于增强语义关联挖掘，即 t_3 可以用来描述 NDK_u，t_4 可以用来描述 NDK_v。

因此，单词集中对应于 NDK_u 和 NDK_v 的所有单词都会被考虑，即由 $I = T_{(\text{NDK}_u)} \cup T_{(\text{NDK}_v)}$ 可得 $I = \{t_1, t_2, t_3, t_4\}$，它基于 NDK 之间的语义关联来丰富 NDK 的语义信息。同时，通过与每个具有稳定文本特性的 NDK 相对应单的文本信息，可以反映出各个术语在 NDK 的对应单词集中的分布，客观准确，消除了其自身的影响力 NT。通过形成的新的 NDK 集合 U，针对与 NDK_u 视觉上相似的 NDK 集合找到更为丰富的语义信息，可以突出 NDK 中对应出现频率比较低或者只出现一次的 Term 的重要性，如 t_1，t_2 同时可以利用视觉上相关联的 NDK 找到被丢失的语义信息，如 t_3 等。所以，为了充分利用被丰富的语义信息，解决数据稀疏问题，采用如下计算公式重新统计 Term 在 NDK 中的分布情况。利用与 NDK_u 相似的视觉近似关键帧集合 $U = \{\text{NDK}_u, \text{NDK}_v, \cdots\}$ 中各个 NDK 对应的单词集的语义信息，如 NDK_v 对应的单词集的语义信息 $\text{NT}_{\text{NDK}_{v,t}}{}'$，然后以两个 NDK 之间的相似度 $\text{sim}(\text{NDK}_u, \text{NDK}_v)$ 为权重。

$$\text{NT}_{\text{NDK}_{u,t}}{}' = \frac{\sum_{\text{NDK}_v \in U} \text{sim}(\text{NDK}_u, \text{NDK}_v) \times \text{NT}_{\text{NDK}_{v,t}}{}'}{\sum_{\text{NDK}_v \in U} |\text{sim}(\text{NDK}_u, \text{NDK}_v)|} \tag{5-12}$$

考虑到，每一个 NDK 对应的单词集的各个 Term 分布的 TFIDF 值 NT 都有自身的特点，比如视频上传者的知识水平和认知能力的差异，不同的人可能有不同的理解和爱好，对于同一画面会使用不同的单词进行文本描述，导致 NDK 对应单词集的文本分布的 TFIDF 值普遍较高或较低。我们利用每个 NDK 对应单词集的整体文本特征即 $\overline{\text{NT}_{\text{NDK}_u}}$，使预测出的 NDK 对应单词集的文本分布的 TFIDF 值更加符合 NDK 自身的特点和准确，从而解决数据稀疏问题。结果如表 5-4 所示：

$$\text{NT}_{\text{NDK}_{u,t}}{}'' = \overline{\text{NT}_{\text{NDK}_u}} + \text{NT}_{\text{NDK}_{u,t}}{}' \tag{5-13}$$

表 5-4　　　　　　　　　　　　丰富后的文本分布信息

	opening	song	olympic	music	...	gold	event label
NDK_u	0.33	0.24	0.05	0.20	0	0	0
NDK_v	0.26	0.19	0.12	0.10	0	0	0
...	0	0	0	0	...	0	...
NDK_p	0	0	0	0	...	0.15	1

(四) MCA

MCA 包括两个部分：培训和测试。数据的一半被随机选择为训练集，另一半作为测试集。训练集用于说明整个 MCA 过程，但是测试部分将不再重复。如表 5-5 所示，每个 NT_{ij} 代表每个单词 T_i 在 NDK 中的分布权重。它可以进一步分为几对：F_i^1，F_i^2，F_i^3，…例如："opening" 的特征值被离散化为两个特征值对：F_1^1，F_1^2。

表 5-5　　　　　　　　　　离散化后的特征值对示例

	opening	song	olympic	music	…	gold	event label
NDK_u	F_1^1	F_2^1	F_3^1	F_4^1	…	F_T^1	0
NDK_v	F_1^1	F_2^1	F_3^1	F_4^1	…	F_T^1	0
…	…	…	…	…	…	…	…
NDK_p	F_1^2	F_2^2	F_3^2	0	…	F_T^2	1

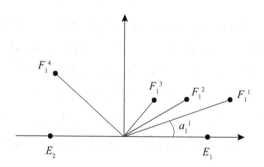

图 5-9　MCA 的几何表示

在将每个词在所有 NDK 中的特征分布权重划分为特征值对后，通过奇异值分解（SVD）计算每个特征值对与所有事件之间的相似度，这是计算 NDK 与事件相似度的重要依据。如果一个话题有 m 个事件和 n 个 NDK，并且单词 $i(T_i)$ 的分布特征被划分为联合特征值对 j_i，则可以将它们之间的关系建立到矩阵大小为 $n \times (j_i + m)$ 的矩阵 Z 上。MCA 不对指标矩阵进行任何运算，主要分析其内积即 $Z^T Z$，称为 Burt 表，它是一个大小为 $(j_i + m) \times (j_i + m)$ 的对称矩阵。在得到这个矩阵之后，我们对通过居中和标准化得到的相应矩阵进行

SVD 变换。由于前两个主分量[44]可以捕获大部分总方差，因此将特征值对和类投影到由第一和第二主分量组成的二维空间中，其中特征值对是第一主分量，而事件是第二主分量。有关这两个组件的更多说明，可参考文献［129］。如图 5-9 所示，如果单词 $i(T_i)$ 的特征 F^1 已经被分成四个特征值对（F_1^1，F_1^2，F_1^3，F_1^4），我们就可以用几个点来描述图中的特征值对，横坐标表示要划分的两个事件（E_1 和 E_2）。一般来说，特征值对与事件的夹角越小，特征值对与事件的相关性越强。因此，可以通过使用包含角的余弦值（例如，F_1^1 和 E_1 之间的角是 a_1^1）来计算每个特征值对与所有事件之间的相似度，以获得所有特征值对与事件之间的相关性。这里，F_1^1 可视为 F_1^1 与 E_1 之间的相关性。设 i 是每个单词特征数，j 是每个特征的分区数，F_i^j 是特征值对。计算权重 $W_{i,r}$ 的公式如公式（5-8）所示，如果特征值对 F_i^j 与事件 E_r 有较高的相关性，则它们之间的角度应小于 90 度。

$$W_{i,r}^j = \cos\alpha_i^j \tag{5-14}$$

其次，获得每个 NDK 中所有单词的特征值的平均值，以获得每个 NDK 与所有事件之间的相似度（如公式（5-15）所示），其中 $W_{i,r}^j$ 是使用公式（5-14）计算的，并且 n 表示 NDK_k 中出现的所有项的特征值对的数目。NDK_k 和 E_r 之间的权重越大，它们之间的关系就越密切。

$$\text{TW}_{k,r} = \sum_{i=1}^{n} W_{i,r}^j \tag{5-15}$$

最后，对每个 NDK 和所有事件的相似值进行降序排序。以相邻两个事件之间的最大差值作为阈值，然后将最大差值后的值设置为负值，其余的设置为正值。对于每个话题，应用公式（5-16）来计算每个 NDK 和所有事件之间的相关性。

$$P(\text{NDK}_s, E_r) = \frac{|\text{NDK}_s \cap E_q|}{|\text{NDK}_s|} \tag{5-16}$$

其中 $|\text{NDK}_s \cap E_q|$ 表示 NDK_s 和 E_q 中同时存在的网络视频的数量，$|\text{NDK}_s|$ 表示在 NDK_s 中出现的包含关键帧的网络视频的数量，E_q 代表第 q 个事件。最后，主要基于 NDK 与事件之间的相似性，将每个 NDK 代表的视频分类为最相关的事件。此外，根据 Wikipedia 和 Google 的搜索结果对基本事实进行手动分类。

二、实验数据

实验主要使用文献[130]中的数据来评估和比较我们提出的框架。表 5-6 显示了有关数据集的更多详细信息，其中包括 11187 个网络视频、41749 个 NDK、46059 个文本术语和 116 个事件。通常，每个话题包含多个事件。以"科索沃独立"为例，它包括 5 项活动："科索沃独立集会""独立边缘的科索沃""科索沃独立""抗议科索沃"和"科索沃独立周年纪念"。我们随机选择了 14 个话题进行实验，其中包括具有不同特点的话题。比如，有的话题长达四年，有的话题只有几个月，有的话题有一定的周期性，有的没有周期性。因此，本实验中的数据具有足够的代表性，充分验证了实验的有效性和普适性。为了公平起见，默认情况下，视频少于 5 个的活动会被视为噪音。对于每个话题，我们随机选择一半的 NDK 作为训练集，其余的作为测试集。

表 5-6　　　　　　　　　　　　实 验 数 据

话题编号	话题	视频数（个）	NDK 数（个）	单词数（个）	事件数（个）
1	经济危机	1025	7692	3946	16
2	美国总统选举	737	1826	3327	13
3	北京奥运会	1098	5467	4861	17
4	孟买恐怖袭击	423	1741	1569	5
5	俄罗斯格鲁吉亚战争	749	2823	2316	7
6	索马里海盗	410	1405	2178	5
7	以色列袭击加沙	802	3087	3546	4
8	三聚氰胺	783	1730	4670	9
9	加州野火	426	1631	3025	6
10	油价	759	2486	3814	5
11	科索沃独立	524	969	1593	5
12	俄罗斯总统选举	1335	3930	4684	6
13	伊朗核计划	1056	4561	3969	5
14	朝鲜核武器	1060	2401	3971	13
总数		11187	41749	46059	116

三、实验分析

为了更好地评价和比较实验结果,采用经典的精确度(Precision)、召回率(Recall)和 F_1 测度作为实验评价指标(分别见公式(5-17)、公式(5-18)和公式(5-19))。

$$Precision = \frac{|B_i^+|}{A_i} \tag{5-17}$$

$$Recall = \frac{|B_i^+|}{B_i} \tag{5-18}$$

$$F_1 = \frac{2 \times Precision \times Recall}{Precision + Recall} \tag{5-19}$$

其中 B_i^+ 是按簇 A_i 正确分组的视频数量, B_i 是真实样本中数量。由于 F_1 综合考虑了精准率和召回率的优点,因此选择 F_1 作为评价实验结果的主要方法。

为了更全面地测试本书提出的框架的效果,本书与四种经典方法(分别为 FT_T,CC_V,FT_T+V 和 MCA)进行大量的对比实验。FT_T 基于使用项[131] 的特征轨迹,将网络视频中的术语特征轨迹作为计算视频相似度的有效特征。根据视频中文本与视觉特征的对应关系,通过计算视频中文本之间的相关性,间接得到视频之间的相关性,进而进行事件挖掘。CC_V 使用文献[132]中的方法进行可视化 NDK 级别的聚类。它检测具有突发性标签共现的标签之间的关系。FT_T+V 是文献[133]中的一种融合方法。该方法利用事件的共现和特征轨迹相结合的方式对事件进行挖掘,以获取文本信息。MCA 基于文献[134]中的方法,利用文本分布特征挖掘 NDK 与事件之间的相关性。它不仅缩小了文本和视频特征之间的语义鸿沟,而且为文本和视觉信息的融合提供了一条有效的途径。

所有的实验结果都显示在表 5-7 中。从表中可以明显看出,本书提出的框架比其他方法的性能都要好,与基线相比改进了大约 13% 到 35%(F_1)。在 Recall 和 F_1 上取得了最好的结果。

表5-7　性能比较

Topic	FT_T			CC_V			FT_T+V			MCA			Proposed Model		
	Precision	Recall	F_1	Precision	Recall	F_1	Precision	Recall	F_1	Precision	Recall	F_1	Precision	Recall	F_1
1	0.24	0.17	0.20	**0.62**	0.05	0.08	0.59	0.16	0.26	0.32	0.38	0.34	0.32	**0.42**	**0.37**
2	0.26	0.39	0.32	**0.90**	0.15	0.20	0.57	0.35	0.44	0.11	**0.72**	0.18	040	0.54	**0.46**
3	0.54	0.11	0.19	**0.88**	0.03	0.05	0.64	0.18	0.28	0.27	0.28	0.28	0.51	**0.45**	**0.48**
4	0.31	0.14	0.20	**0.88**	0.12	0.15	0.49	0.19	0.28	0.12	0.24	0.14	0.43	**0.51**	**0.47**
5	0.49	0.21	0.30	**0.87**	0.05	0.07	0.48	0.25	0.33	0.28	0.25	0.27	0.34	**0.58**	**0.43**
6	0.76	0.05	0.10	**0.99**	0.02	0.03	0.73	0.33	0.46	0.36	0.40	0.38	0.70	**0.63**	**0.66**
7	0.45	0.12	0.20	**0.95**	0.02	0.03	0.54	0.16	0.25	0.21	0.24	0.23	0.37	**0.52**	**0.44**
8	0.18	0.21	0.20	**0.70**	0.17	0.28	0.42	0.28	0.34	0.24	0.48	0.32	0.25	**0.70**	**0.35**
9	0.46	0.12	0.19	**0.95**	0.05	0.07	0.68	0.18	0.29	0.23	0.24	0.24	0.59	**0.28**	**0.38**
10	0.22	0.10	0.14	**0.80**	0.08	0.10	0.58	0.13	0.22	0.04	0.20	0.07	0.52	**0.33**	**0.40**
11	0.66	0.07	0.13	**0.99**	0.02	0.03	0.78	0.09	0.17	0.37	0.15	0.22	0.89	**0.28**	**0.43**
12	0.27	0.14	0.16	**0.92**	0.02	0.03	0.61	0.14	0.23	0.04	0.13	0.07	0.40	**0.46**	**0.43**
13	0.60	0.07	0.13	**0.98**	0.02	0.03	0.83	0.10	0.18	0.13	0.17	0.15	0.72	**0.30**	**0.42**
14	0.34	0.16	0.22	**0.89**	0.07	0.09	0.46	0.24	0.32	0.24	**0.52**	0.32	0.40	0.38	**0.39**
Average	0.43	0.15	0.20	**0.89**	0.06	0.08	0.61	0.20	0.30	0.20	0.29	0.22	0.48	**0.46**	**0.43**

注：为了更好地观察实验结果，本书突出显示了每个话题的 Precision，Recall 和 F_1 三个值的最佳结果。

对于 FT_T，由于文本信息的噪声特性，其性能并不比仅使用视觉特征的模型好。FT_T 的平均 F_1 值仅为 0.20，但仍优于 CC_V。

对于 CC_V，它获得了很高的精确度(P)。也就是说，如果网络视频包含在同一 NDK 中，则这些网络视频通常属于同一事件。网络视频中的 NDK 检测还可以连接视觉内容相似的视频。然而，关于召回和 F_1 的值低于其他方法，而平均召回率低至 0.06。这意味着与文本信息相比，视觉内容信息的噪声较小，具有较高的 P。然而，视频编辑、光照、拍摄角度等因素导致视觉相似性检测不准确。这很容易导致视频中 NDK 数量有限，只有一小部分视频有 NDK。而且很多网络视频属于没有 NDK 的同一个活动，所以这些网络视频不能分组到相关的事件中。因此，只有 NDK 信息的召回值非常低。

事实上，每个事件通常由几个完全不同或部分不同的视觉场景组成。由于 CC_V 只对一个场景进行分组，要将所有视频挖掘到事件中并不容易。此外，一个 NDK 的每个场景不能建立到具有不同视觉场景的其他 NDK 的链接。实际上，文本语义信息在视觉领域中可以被分割成多个视觉场景，而基于视觉内容信息的方法只能将一个场景与内容相似的场景组合在一起，导致更多不同场景的网络视频遗漏。

对于 FT_T+V 方法，它尝试将文献[133]中的共现轨迹和特征轨迹相结合。因此，它可以达到比 FT_T 和 CC_V 相对较好的效果，但还不够好。NDK 的视觉近似重复特征轨迹不一致，平均 F_1 值达到 0.30。原因在于视频编辑、光照、拍摄角度等因素导致 NDK 检测不准确，从而导致基于 NDK 的特征不准确、不稳定。基于 NDK 的特征只能将相同视觉近似的关键帧聚合到 NDK 中。为了从视觉特征中获取更多有用的信息，为事件挖掘提供更多的帮助，收集更多与话题相关而不是与相应 NDK 相关的场景的视觉关键帧变得越来越迫切。这启发我们开发新的方法来解决这个问题。

对于 MCA，它试图通过每个 NDK 中出现的术语的分布特征来捕捉术语和事件之间的对应关系。可以挖掘更多没有视觉内容关联的 NDK，只要用相关术语进行标记即可。也就是说，虽然它在视觉上不相关，但在语义上有一定的相关性。然而，由于表达习惯、语言和表达方式的不同，从视频标注信息中提取特征的效果仍然较差。因此，它的 P 值是最低的。这也促使我们开发了一种新的解决方案来丰富所有 NDK 的语义信息，避免了文本信息受教育背景、语义习惯等因素影响而产生的稀疏性，提高了文本信息的准确性。此外，可以利用更丰富、更准确的文本信息来提高基于视觉特征的事件挖掘的有效性。

从表 5-7 中可发现，与其他方法相比，本书提出的框架取得了更好的结果。Recall 和 F_1 值已得到极大改善，并且改进的召回值会增加 F_1 值。最佳 F_1 值甚至可以达到 0.66。此外，P 校正值也得到了一定程度的提高，这表明尽管通过方法 FT_T 验证的文本信息充满了噪声，但是通过方法 CC_V 验证的视觉特征却非常准确。只要找到一种有效的方法将视觉和文本信息相结合，就不仅可以找到更多具有不同场景的 NDK，而且可以找到相同的话题，且事件挖掘的效率也得到了提高。从表 5-7 中不难看出，重要事件通常具有一些重要的关键帧。因此，视觉特征具有准确信息的特征，这在事件挖掘中起着重要的作用。但是，这也表明视觉内容是不够的。与视觉信息相比，文本信息包含更少的信息和更多的噪音，但包含更多的语义信息。它可以挖掘更多具有较多形式的视频。因此，它们在这方面具有很强的互补性，这就是本书提出的框架可以比其他方法获得更好结果的根本原因。也就是说，数据的特性决定了它们的优缺点，因此合理的数据融合可以帮助获得更好的结果。尽管 MCA 在文本和视觉信息之间建立了桥梁，但是 NDK 的不精确视觉近似重复检测和稀疏文本信息极大地影响了 MCA 的性能。从实验中可以发现，本书提出的框架能够更好地解决上述两个问题。与 MCA 方法相比，本书提出的框架大大提高了 Precision，Recall 和 F_1 值，这充分证明了本书提出的框架的可行性和普遍性。

总体而言，可以观察到稀疏文本信息是影响事件挖掘的重要因素。由于 FT_T+V 和 FT_T 都具有相对较低的 Recall 结果，因此本书提出的框架（表示为 Proposed Model）试图找到一种方法，通过增加具有相同话题的视觉表达来提高 Recall 值。实际上，NDK 之间的视觉差异太大，很难将具有更多话题但与视觉表达无关的 NDK 聚类。因此，本书所提出的通过 NDK 之间的高级语义关联对 NDK 进行聚类的方法可以获得比其他方法更好的结果。

第三节　基于多语义路径关联丰富的网络视频事件挖掘

上一节已经验证了解决数据稀疏问题的重要性。现有的大部分工作是利用媒体数据之间的语义关联来解决这一问题。文献[37]提出基于典型相关性分析(canonical correlation analysis，CCA)的跨媒体检索方法，将不同模态的数据投射到共享子空间，然后通过距离度量函数计算其直接相关性；文献[134]基于协同过滤的推荐方法将视频信息与文本信息进行结合建立直接语义关联，在一定程度上弥补了网络视频中文本信息少、噪声多的缺陷。这些方法都只能通过相似度计算挖掘单一媒体的间接语义关联或多媒体之间的直接语义关联，它们没有考虑到跨媒体数据之间的间接相关性，这导致文本信息的稀疏性难题仍没有得到有效解决。事实上，即使没有任何语义关联的 NDK 也可以通过不同的语义视角建立间接关联。因此，本书提出一种新的基于多条语义路径嵌入的关联丰富模型，通过巧妙地捕捉 NDK 与术语之间的间接语义关联，提高了网络视频事件挖掘的有效性。在构建跨媒体多语义路径网络(cross-media multiple semantic-paths networks，CMSN)之后，不同媒体之间的交互被丰富。然后，通过语义路径引导的随机游走捕获跨媒体数据之间的间接关系。最后，为了在语义关联中表示有用信息，一种多语义路径嵌入策略被提出。其总体可分为三阶段：

第一阶段：通过利用不同媒体(如 NDK、文本、视频)之间的不同语义关联，构建一种新的 CMSN，以丰富 NDK 与文本之间的跨媒体交互。

第二阶段：提出一种新的基于多语义路径的随机游走策略来学习不同媒体之间的间接关系。通过这种方式，找到代表不同视觉表达的遗漏 NDK，并捕获 NDK 可能丢失的文本信息，从而提高文本分布特征的鲁棒性。

第三阶段：提出多语义路径嵌入方法来表示跨媒体语义路径中的有效信息。语义路径融合嵌入的目的是捕捉网络中语义节点之间有意义的交互，同时也可以降低包含海量跨媒体数据的网络维度。

一、多语义路径关联丰富

如图 5-10 所示，本书提出的框架包括三个阶段：数据处理、跨媒体多语义路径关联丰富和 MCA。

(一)数据处理

1. 视觉信息预处理

视觉信息是视频的主要信息，因此首先需要在视觉层面对视频进行处理。对于视觉信息，已抓取热门网站的大量视频，并根据不同的主题进行编号。视觉近似关键帧是指视觉表达上非常相似的关键帧的集合，其类似于文本领

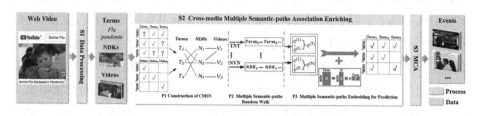

图 5-10 本书提出的框架

域的热点词汇集合。

1.1 关键帧的提取

首先，对视频进行边缘检测，镜头边缘检测通过查找视频流中的相邻帧之间的差异来确定镜头的边界，以此作为镜头切换的依据。一个镜头包含许多帧，通过对单个镜头的观察发现，相比于不太稳定的首帧和尾帧，每个镜头最中间的一帧可以代表此镜头主要的视觉特征，而且相对而言比较稳定。通过这种方式，可得到一个关键帧序列来代表每段视频的主要内容。

1.2 视觉近似关键帧集合

当提取到系列关键帧后，需采用有效的算法检测关键帧之间的相似性以聚类形成视觉近似关键帧（NDK）。本书采用在图像匹配领域表现良好的局部关键点检测法以保证检测性能，其中局部点检测采用的是 Harris-Laplace 和 SIFT 特征描述等局部关键点检测方法[46]，使用文献[77]中的工具检测视频之间关键帧的相似性。然后，将检测到的视觉近似关键帧通过传递闭包算法进行聚类，进而得到表示不同视觉场景的视觉近似关键帧集合（NDKs）。

因为视觉近似关键帧由来自不同视频的关键帧组成，因此，可计算视频之间的相似度，进而判断是否来源于同一话题。公式（5-20）可计算两个视频之间的相似度，$\mathrm{sim}(V_i, V_j)$ 越大，视频相关度越高。

$$\mathrm{sim}(V_i, V_j) = \frac{N_{ij}}{N_i + N_j} \tag{5-20}$$

其中，N_i 表示视频 V_i 对应的 NDKs 数量，N_j 表示视频 V_j 对应的 NDKs 数量，N_{ij} 表示视频 V_i 和 V_j 共同对应的 NDKs 的数量。

2. 文本信息预处理

对于文本信息，本书使用用户提供的标题和标签来描述文本特征，这些特征文本大多较短。此外，由于个体的理解、语言、用法和文化背景的不同，即使是相同的视频也可能会被用户用完全不同的文本所描述，并且有视频 UP 主为了增加视频的点击量，会使用一些与视频无关的热点词汇，文本信息充满了噪音。因此，为了更好地把握句子的主要内容，需删除特殊字符等嘈杂的词，并修剪分支。此外，WEKA[63]被用来评估每个单词的重要性，并将其降序排列。根据相邻两个词之间的差异，得到最大间距阈值为 11。最后，设置权重，过滤掉权重较小的词。

2.1　规范化处理

由于视频的标题和标签也包含很多符号，文本的格式、字体等都有所不同，因此，首先对文本进行规范化处理。具体规范化操作包含如统一字体的大小、英文文本统一使用小写等；然后，因为后期本书计算每个单词在 NDK 中的分布特征，所以，需要将文本语句进行分词，即将语句分成多个词语。中文的分词难度大于英文，通常不像英文每个单词或词组会用空格分隔开，中文的词和词组边界较难确定。本书对于中文使用自然语言处理中 python 自带的分词包"jieba 包"进行分词处理。

2.2　去噪

去除噪声主要包括去除停用词、删除异常值、删除特殊字符等。对于给定的目的，任何词都可以被选为停用词。停用词在一般意义上指出现频次高，但作用很小的词，如中英文中的一些功能词："因为，的，都""the，what，which，over"，这些词实际上是没有意义的。另外，比如，在一篇中文论文中，经常会出现"研究、学者"等字眼，其对于论文本身为背景词，如果意义不大，也可以将其加入停用词表。

进行规范化处理及分词以后，本书对所有单词及停用词表，使用"哈工大停用词表"用于中文去噪，自行收集英文停用词表进行英文去噪，还有一些小语种分别使用相应的停用词表去除停用词。需要注意的是，停用词表中可能不包含一些本书想去除的停用词，需要手动添加停用词表进行文本的去噪。另外，涉及的异常值和特殊字符均使用 python 进行删除。

2.3　文本特征提取

当得到去噪后的文本词集后，本书仍然需要计算文本特征以选取更能代表文本主要内容的单词作为文本特征项，其可避免没有剔除干净的噪声的影响，也可以剔除包含的文本信息少、不具任何代表性的词汇。以此可以提高后期单词分布的准确性，并降低计算的维度。用 Weka 评估每个单词的重要性，并按降序进行排序。

若使用 $D(t_1, t_2, \cdots t_n)$ 表示一篇文档，t_i 为特征项，$1 < i < n$。然后采用特征赋值的方式，为每项 t_i 赋予一个权重 w_i，即 $D(w, w_2, \cdots w_n)$，w_i 可用于区分不同的特征词对于文档的重要性程度大小。另外，根据权重值，过滤掉权重较小的单词。

（二）跨媒体多语义路径关联丰富

1. CMSN 的构建

首先，文本信息在高层语义中表达与视觉信息相同的语义，可以补充视觉信息。因此，本书计算了 NDK 与术语之间的相关性。如图 5-11（P_1）（a）所示，可以通过公式（5-21）计算每个词在不同 NDK 中的 TFIDF 特征分布。每行表示一个视觉近似关键帧组，即 NDK；每一列代表一个 Term 在 NDK 中的分布特征值。如 NDK_1 和 NDK_2 都包含文本 Term_2 的特征分布，可以代表话题的一些主要特征。

$$TN = \frac{tf}{NT} \times \log \frac{N}{df} \tag{5-21}$$

其中，tf 表示单词 t 在某 NDK 中出现的频数，NT 是某 NDK 中分布的所有单词的数量，df 表示包含某个单词 t 的 NDK 的数目，N 表示 NDK 的总数。

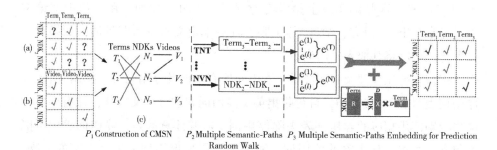

P_1 Construction of CMSN　　P_2 Multiple Semantic-Paths　P_3 Multiple Semantic-Paths Embedding for Prediction
Random Walk

图 5-11　跨媒体多语义路径关联丰富

然而，由于每个人对视频文本描述的偏好不同，同一事件会使用不同的术语来描述，这导致 NDK 中术语的文本分布非常稀疏。NDK_1 包含文本描述 $\{\mathrm{Term}_2, \mathrm{Term}_3\}$，$\mathrm{NDK}_2$ 包含文本描述 $\{\mathrm{Term}_1, \mathrm{Term}_2\}$，其中，$\mathrm{Term}_2$ 分布于

两个 NDK 中，然而Term_1，Term_3 却分散于两个 NDK，这导致了文本的稀疏。因此，文本分布特征不稳定，仅仅使用 NDK 与 Term 之间的交互信息不足以有效挖掘出其潜在特征。

其次，如果两个 NDK 中有更多的关键帧来自同一个视频，这意味着它们之间更有可能建立语义交互，即帮助找到更多的场景信息。因此，本书以"视频"为桥梁，试图从不同的语义角度捕捉文本和 NDK 之间的关系。在图 5-11$(P_1)(\text{b})$ 中，每行代表一个 NDK，每列代表 NDK 中是否有关键帧来自相应视频。可直观地看到NDK_1 和NDK_2 具有共同的视频分布Video_1，从而可以建立它们之间的间接语义交互。

最后，受异构网络方法在推荐领域应用的启发，利用 HIN 在异构数据建模方面的灵活性，将三种不同的媒体信息抽象为网络中不同类型的节点。本书最后要探讨的是 NDK 和 Term 之间的关系（NDK 中术语的分布特征）。因此，以 NDK 和 Term 为主要节点，以视频为辅助节点，将三者之间的关系视为网络的边缘。本书将 CMSN 定义为 $C = (M，R)$。不同的媒体在网络中具有不同的模态，M 代表具有不同模态的语义节点，$M \in \{\text{NDK}(n)，\text{Term}(t)，\text{Video}(v)\}$；$R$ 表示不同模态节点之间的关系，$R \in \{\text{NDK}(n) - \text{Term}(t)，\text{NDK}(n) - \text{Video}(v)\}$。显然，在所构建的网络中包含三种类型的语义节点和两种类型的边。图 5-12 是 CMSN 的抽象表示。

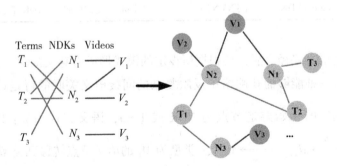

图 5-12　CMSN 的抽象化表示

2. 基于多语义路径的随机游走

CMSN 中的节点具有不同数量和维度的特征。本书采用语义路径引导的随机游走策略生成语义序列。在网络 $C = (M，R)$ 中，存在表示丰富的间接语义关联的语义路径，如图 5-13 所示的语义序列，语义节点 N_2 和 N_1 通过 V_1 关联，从而产生间接语义关联 $Term_1$–NDK_2–$Video_1$–NDK_1–$Term_3$。此关联可通过语义路 TNVNT 来获得，其在高层语义上表示"来源于同一视频的两组 NDK 的文本描述"。本模型选择的跨媒体语义路径集合 P 及其物理意义如表 5-8 所示：

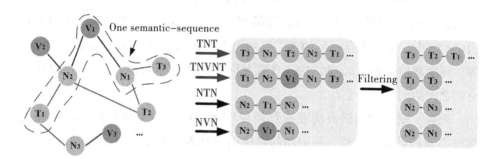

图 5-13　基于语义路径的关联

表 5-8　　　　　　　　　　　　跨媒体多种语义路径

语　义　路　径	物　理　意　义
NDK-Term-NDK（NTN）	同一个单词所描述的两组 NDK
Term-NDK-Term（TNT）	描述同一组 NDK 的两个单词
NDK-Video-NDK（NVN）	两组 NDK 中有关键帧来源于同一个视频
Term-NDK-Video-NDK-Term（TNVNT）	来源于同一视频的两组 NDK 的文本描述

在设定语义路径之后，要根据所设定的模式形成有意义的语义关联序列，关键是设计一种能够捕获网络中反映复杂的间接语义关联的行走策略。定义基于语义路径的初始游走节点为 NDK 或 Term，语义路径为 $p : M_1 \xrightarrow{R_1} M_2 \xrightarrow{R_2} \cdots M_k \xrightarrow{R_t} M_{k+1} \cdots \xrightarrow{R_l} M_{l+1}$，类型为 M_k 的语义节点转移到类型为 M_{k+1} 的语义节点的概率在以下公式[135]中被定义。

$$P(s_{k+1} = x \mid s_k = m, p) = \begin{cases} \dfrac{1}{|S_{M_{k+1}}(m)|}, & (m, x) \in R \text{ and } \phi(x) = M_{k+1} \\ 0, & \text{otherwise} \end{cases}$$

(5-22)

其中 s_k 是游走中的第 k 个语义节点，语义节点 m 的类型为 M_k，$S_{M_{k+1}}(m)$ 是节点类型为 M_{k+1} 的语义节点 m 的一阶邻居集。根据已规定的语义路径游走模式重复进行，即遵循集合 P 中的语义路径，直到达到定义的长度。例如：给定语义路径 NTN，可从以 NDK_3 开头的 NDK 节点开始行走生成两条语义关联序列①NDK_3–$Term_1$–NDK_2；②NDK_3–$Term_1$–NDK_2–$Term_2$–NDK_1；给定语义路径模式 NVN 可生成NDK_2–$Video_1$–NDK_1 等语义序列。可直观地看出，不同的语义路径模式可引导生成不同的间接语义关联。同理，通过这种方式还可得到其他的跨媒体间接语义关联。

值得注意的是，由于最终只关注 Term 与 NDK 的间接语义关联，因此在进行随机游走时，只选择以 NDK 为起始点及终点或 Term 为起始点及终点的语义关联路径；同时由于用同类型的节点比使用不同类型的节点进行网络表示学习更有意义，因此通过矩阵相乘的思想对跨媒体语义路径进行语义过滤，从而将异构语义关联路径转化为同构语义关联路径。通过这种方式，将包含三种节点类型的跨媒体多语义路径网络转化为不同的单一媒体语义路径网络。一方面可以保留路径的语义关联，另一方面转化为单一媒体可以减少相似度度量的难度。例如：图 5-13 中，通过 TNT 语义路径，存在跨媒体语义关联序列$Term_3$–NDK_1–$Term_2$–NDK_2–$Term_1$，进一步删除与起始节点不同类型的节点 NDK_1 和NDK_2，过滤后得到$Term_3$–$Term_2$–$Term_1$，即 $Term_1$，$Term_2$，$Term_3$ 是通过描述同一组 NDK 的两个单词这一语义角度进行关联。

3. 用于预测的多语义路径嵌入

（1）基于语义路径的嵌入融合。当得到基于语义路径的多种关联后，需要采用一种合适的方法表示关联中的有效信息。本书所提出的基于语义路径嵌入的方法可提取和表示基于语义路径的有效信息，不考虑网络中没有遵循所设定的语义路径的边，其不仅可以降低节点的维度，而且可以抓取网络的结构特征和有用的节点信息。给定一条语义路径后，设置基于固定窗口的最大化节点 n（NDK）和节点 t(Term) 的概率以构造其邻域 S_n 和S_t，根据 node2vec[137]学习节点的表示以优化公式(5-23)中的目标：

$$
\begin{cases}
\operatorname{argmax}_h \sum\limits_{n \in M} \log P[S_n \mid h(n)] \\
\operatorname{argmax}_h \sum\limits_{t \in M} \log P[S_t \mid h(t)]
\end{cases}
\tag{5-23}
$$

其中 $h: M \rightarrow \mathbb{R}^d$ 是一个将每个语义节点 m 映射到 d 维特征空间的函数，$h(n)$ 表示将类型为 NDK 的语义节点映射到 d 维特征空间的函数，$h(n)$ 表示将类型为 Term 的语义节点映射到 d 维特征空间的函数，$S_n \in M$，$S_t \in M$ 表示关于特定语义路径的语义节点 n，t 的邻域。另外本书利用梯度下降法（stochastic gradient descent，SGD）进行目标的优化，其算法框架如表 5-9 所示：

表 5-9 　　　　　　　　　　　　　　 **SGD 算法框架**

Algorithm1：only for a single semantic-path

Input：Cross-media Multiple Semantic-paths network C = (M, R)；the target semantic-node type M_k；the given semantic-path p，the walk length wl；the neighborhood size ns；the number of walks per semantic-node r.

Output：The embedding of target semantic-node type with regard to the single semantic-path，represented as e.

1：Initialize e by standard normal distribution；

2：*semantic-paths* = [ ]

3：**for** *each m* $\in$ *M* and $\varphi(m)$ == M_k **do**

4：　　**for** $i = 1$ to r **do**

5：　　　　*semantic-path* = [ ]；

6：　　　　**while** $wl > 0$ **do**

7：　　　　　　walk to semantic-node x according to Eq. [2]；

8：　　　　　　**if** $\phi(x)$ == M_k **then**

9：　　　　　　　　append semantic-node x into *semantic-path*；

10：　　　　　　　　$wl = wl\text{-}1$；

11：　　　　　　**end if**

12：　　　　**end while**

13：　　　　Add *semantic-path* to *semantic-paths*；

14：　　**end for**

15：**end for**

16：$e = SGD(semantic\text{-}paths, d, ns)$；

17：**return** e.

在跨媒体多语义路径网络 $C = (M, R)$ 中，给定一个语义节点 $m \in M$，从而可以得到一个低维表示集合 $\{e_m^{(l)}\}_{l=1}^{p}$，其中 p 表示语义路径集合，$e_m^{(l)}$ 为关于第 l 条语义路径中的节点 m 的嵌入表示。另外，利用 SGD 算法学习的是基于单个语义路径的嵌入，而 NDK 和 Term 都通过不同的语义路径得到了不同的嵌入表示。为了充分利用这些语义节点的嵌入表示提高预测的性能，在此定义关联函数 $f(x)$ 对通过不同语义路径学习到的 NDK 和 Term 的嵌入分别进行关联融合（如公式（5-24））所示，该函数的目标旨在融合学习到的多个 NDK 和 Term 的嵌入：

$$\begin{cases} f(\{e_n^{(l)}\}) \rightarrow e_n^{(N)} \\ f(\{e_t^{(l)}\}) \rightarrow e_t^{(T)} \end{cases} \tag{5-24}$$

其中 n 表示 NDK，t 表示 Term；$e_n^{(l)}$ 表示第 l 条语义路径中节点 n 的嵌入，$e_t^{(l)}$ 表示第 l 条语义路径的节点 t 的嵌入；$e_n^{(N)}$（$n \in N$）和 $e_t^{(T)}$（$t \in T$）是 NDK 和 Term 的最终表示（NDK embedding 和 Term embedding），它们通过融合多条语义路径来包含更多的信息。因为本书只倾向于学习 NDK 或 Term 之间的语义联系，所以最终只需要学习 NDK 和 Term 的表示。

因为不同的语义路径对于预测文本和 NDK 的语义关联有不同的重要程度，语义路径越长越可能导致计算过程中语义的流失[58]，因此，前者比后者更加重要。为了突出不同的语义关联路径对于不同类型的语义节点有不同的重要性，本书为不同语义路径上的特定语义节点分配一个权重向量 $w_m^{(l)}$。此外，由于非线性函数在关联复杂数据的关系时有更强的融合能力，设置一个非线性参数 σ 来增强其融合能力，公式如下：

$$\begin{cases} f(\{e_n^{(l)}\}) = \sigma\left[\sum_{l=1}^{|p|} w_n^{(l)} \sigma(D^{(l)} e_n^{(l)} + b^{(l)})\right] \\ f(\{e_t^{(l)}\}) = \sigma\left[\sum_{l=1}^{|p|} w_t^{(l)} \sigma(D^{(l)} e_t^{(l)} + b^{(l)})\right] \end{cases} \tag{5-25}$$

（2）NDK 中的文本预测。到目前为止，已了解了 CMSN 的特征以及如何从网络中提取和表示有用的语义联系。在下一阶段，将学习如何通过利用已经学习到的嵌入来预测最初 NDK 中分布为零的 Term 的新分布值。

由于在公式（5-21）中计算原始 TFIDF 文本特征分布值 TN，本书首先利用经典矩阵分解模型 MF[147]将文本在 NDK 中的 TFIDF 特征分布 TN 分解为 NDK

特定矩阵和 Term 特定矩阵，其中 T 表示矩阵的转置（如图 5-11（P_3）所示），即如果此矩阵为 p 行 q 列的矩阵 $TN_{p \times q}$，对于每一个 NDK 和 Term，试图学习其在 D 个隐特征上的取值，即 D 维隐向量，则 $TN_{p \times q}$ 可分解为 NDK 特定矩阵 $X_{P \times D}$ 和 Term 特定矩阵 $Y_{q \times D}$。在此，分解公式简化如下：

$$TN = X_n^{\top} \cdot Y_t \tag{5-26}$$

本书将学习到的个性化嵌入融合表示合并到 MF 模型中进行最终的预测，预测公式如下：

$$TN\_P = X_n^{\top} \cdot Y_t + \alpha \cdot e_n^{(N)\top} \cdot \vartheta_t^{(T)} + \beta \cdot \vartheta_n^{(N)\top} \cdot e_t^{(T)} \tag{5-27}$$

其中，$e_n^{(N)}$ 和 $e_t^{(T)}$ 是已分别学习到 NDK 和 Term 的融合嵌入，$\vartheta_t^{(N)}$ 和 $\vartheta_t^{(T)}$ 是为 $e_n^{(N)}$ 和 $e_t^{(T)}$ 分别设置的特定潜在因子，以此增加模型的灵活性。

最后，可得到一个没有原始数据的新矩阵，根据公式（5-28）将这个矩阵与原始矩阵结合，得到一个新的完整的文本特征分布矩阵。因此，NDK 中分布的稀疏文本信息得到了丰富，并通过利用学习的嵌入表示提高了文本的稳健性。

$$R = TN + TN\_P \tag{5-28}$$

（三）MCA

MCA 在统计领域计算变量的相关性方面已得到应用。本书应用 MCA 计算文本特征分布值与话题中事件的相关性。MCA 包含训练和测试两部分，一半数据作为训练集，一半数据作为测试集。本书利用多重对应分析计算每个单词与每个事件之间的相似度，其中，单词与视觉近似关键帧有如下对应关系：

$$TE_{ij} = \begin{cases} 1, & \text{当第 } i \text{ 个单词包含在第 } j \text{ 个视觉近似关键帧时} \\ 0, & \text{其他} \end{cases} \tag{5-29}$$

然后，TFIDF 文本特征使用 WEKA 中的方法进行离散化，将每个文本特征值分成几个特征值对，离散后的特征值集合见表 5-10。设第 m 个特征有 a 个特征值对，共有 i 个事件和 j 个 NDK，可构建一个大小 $j \times (a + i)$ 的指标矩阵。在得到不同的特征值对后，利用 MCA 可以计算每个单词的特征值对与事件的二维对应关系，可表示为表 5-11。

表 5-10　　　　　　　　　　　　离散化后的特征值

特征 1	特征 2	...	特征 m
F_1^1	F_2^1	...	F_m^1
F_1^2	F_2^2		F_m^2
F_1^3	F_2^3		F_m^3

表 5-11　　　　　　　　　　　事件和特征值对的对应关系

	Term_1	Term_1	Term_1
NDK_1	F_1^1	F_2^1	F_3^1
NDK_2	F_1^2	F_2^2	F_3^2
NDK_3	F_1^3	F_2^3	F_3^3

本书用一个三维空间模型可视化特征值对与事件间的关系，如图 5-11 所示，其包含两个事件 E_a 和 E_b，某单词的特征 F_i 被离散化为三个特征值对：F_i^1，F_i^2，F_i^3（i 为每个单词的特征数，j 是每个特征的分区指标，F_i^j 是特征值对）。因此，特征值和事件之间的相关性可以量化为二者之间的余弦值 $\cos\theta$，特征值与事件间的角度 θ 越小，其余弦值越大，即二者越相关。计算公式如下：

$$W_{(i,\,j)}^g = \cos\theta_{i,\,j}^g \tag{5-30}$$

其中，θ 表示特征值 F_i^j 和事件 E_g 之间的角度。如果它们之间的夹角小于 90 度，则认为它们具有很强的相关性。通过这种方法，可以确定特征值 F_i^j 更有可能属于事件 E_g。

在得到文本特征与事件之间的相似度后，本模型根据公式 (5-31) 计算每个 NDK 中所有单词的平均特征值，从而得到 NDK_n 与事件 E_g 之间的相关性。

$$\text{TW}_{n,\,g} = \frac{1}{s} \sum_{i=1}^{s} W_{(i,\,j)}^g \tag{5-31}$$

其中，$W_{(i,\,j)}^g$ 为每个 NDK 与所有事件的相似度，s 代表 NDK 中出现的所有项的特征值对的数目。最后，本书将 NDK 和事件的相似度按降序排列，将每个 NDK 归类到与其相似度最高的事件中。

本书所提出的方法已挖掘到每个视觉近似关键帧与话题中每个事件间的对应关系,初步完成网络视频事件挖掘。此外,基本事实是根据维基百科和谷歌搜索结果手动分类的,基本事实中的 NDK 与话题中每个事件的真实对应关系在视觉信息数据预处理阶段已保留。

二、实验数据

实验主要采用文献[130]中的数据集进行实验评估与比较,从中随机选取 13 个话题,更多关于数据集的详细信息请见表 5-12,其包含 10443 个视频,41341 个视觉近似关键帧,42789 个单词,102 个事件。通常每个话题都包含不同的事件,以话题"俄罗斯总统选举"为例,其包含 6 个事件:"梅德韦杰夫总统视频""选举后评论""普京和梅德韦杰夫""梅德韦杰夫在新闻中宣誓""选举日""选举相关新闻"。随机选取的 13 个话题已包含各种类型的话题,例如话题 3 包含的事件"孟买恐怖袭击只持续大约一个月",话题 8 包含的事件"加利福尼亚野火是周期性发生的事件",话题 12 包含的事件"伊朗核计划持续将近 3 年"。因此,本实验随机选取的数据是具有代表性的,这也充分说明了本实验的普适性和有效性。

表 5-12   实 验 数 据

话题编号	话题	视频数(个)	NDK 数(个)	单词数(个)	事件数(个)
1	经济危机	1025	7692	3946	16
2	北京奥运会	1098	5467	4861	17
3	孟买恐怖袭击	423	1741	1569	5
4	俄罗斯格鲁吉亚战争	749	2823	2316	7
5	索马里海盗	410	1405	2178	5
6	弗吉尼亚理工大学校园枪击案	683	1865	1621	2
7	以色列袭击加沙	802	3087	3546	4
8	加州野火	426	1631	3025	6
9	油价	759	2486	3814	5
10	科索沃独立	524	969	1593	5

续表

话题编号	话题	视频数（个）	NDK 数（个）	单词数（个）	事件数（个）
11	俄罗斯总统选举	1335	3930	4684	6
12	伊朗核计划	1056	4561	3969	5
13	猪流感	1153	3684	5667	19
总数		10443	41341	42789	102

三、实验分析

本书采用标准的查准率（Precision）、查全率（Recall）和 F_1 对网络视频事件挖掘的有效性进行了评估，其分别在公式（5-32）、公式（5-33）和公式（5-34）中被定义。

$$\text{Precision} = \frac{|\text{Tru}_i^+|}{|P_i|} \tag{5-32}$$

$$\text{Recall} = \frac{|\text{Tru}_i^+|}{|R_i|} \tag{5-33}$$

$$F_1 = \frac{2 \times \text{Precison} \times \text{Recall}}{\text{Precision} + \text{Recall}} \tag{5-34}$$

其中，Tru_i^+ 是 R_i 类别的有效视频中正确聚类的视频数，R_i 是 Ground Truth 中的视频数，P_i 是预测的视频数。由于 F_1 考虑了查全率和查准率之间的平衡作用，因此采用 F_1 作为衡量实验性能的指标。为了更全面地评价本书提出的模型的有效性，使用四种经典的方法（FT_T，CC_V，T+V，MCA）与提出的方法进行比较分析，从而说明该方法的有效性和普适性。

FT_T（文本特征轨迹）根据网络视频中的文本特征轨迹的相似度作为计算视频相似度的有效特征进行事件的挖掘。根据视频中文本与视觉特征的对应关系，通过计算视频中文本之间的相关性，间接得到视频之间的相关性，进而进行事件挖掘。CC_V 使用文献[132]中的可视化聚类应用于 NDK，其利用突发性标签间的共同发生关系来挖掘单词间的关系。FT_T+V 是文献[133]中的一种融合方法。该方法利用事件的共现和特征轨迹相结合的方式对事件进行挖掘，以获取文本信息。MCA 基于文献[134]中的方法，融合了文本和视觉信息。MCA 利用文本分布特征挖掘 NDK 与事件之间的相关性，从而建立了文本与 NDK 之间的语义联系。实验对比结果如表 5-13 所示，从表格中的数据

表 5-13　性能比较(每个主题的最佳 Precision、Recall 和 F_1 值以粗体突出显示)

Topic	FT_T			CC_V			T+V			MCA			Proposed Model		
	Precision	Recall	F_1	Precision	Recall	F_1	Precision	Recall	F_1	Precision	Recall	F_1	Precision	Recall	F_1
1	0.24	0.17	0.20	**0.62**	0.05	0.08	0.59	0.16	0.26	0.32	**0.38**	0.34	0.39	0.32	**0.35**
2	0.54	0.11	0.19	**0.88**	0.03	0.05	0.64	0.18	0.28	0.27	0.28	0.28	0.36	**0.50**	**0.42**
3	0.31	0.14	0.20	**0.88**	0.12	0.15	0.49	0.19	0.28	0.12	0.24	0.14	0.37	**0.58**	**0.45**
4	0.58	0.11	0.19	**0.91**	0.04	0.06	0.72	0.15	0.25	0.37	0.17	0.24	0.34	**0.42**	**0.37**
5	0.49	0.21	0.30	**0.87**	0.05	0.07	0.48	0.25	0.33	0.28	0.25	0.27	0.42	**0.48**	**0.45**
6	0.76	0.05	0.10	**0.99**	0.02	0.03	0.73	0.33	0.46	0.36	0.40	0.38	0.50	**0.63**	**0.56**
7	0.45	0.12	0.20	**0.95**	0.02	0.03	0.54	0.16	0.25	0.21	0.24	0.23	0.46	**0.43**	**0.45**
8	0.46	0.12	0.19	**0.95**	0.05	0.07	0.68	0.18	0.29	0.23	0.24	0.24	0.39	**0.29**	**0.33**
9	0.22	0.10	0.14	**0.80**	0.08	0.10	0.58	0.13	0.22	0.04	0.20	0.07	0.39	**0.39**	**0.39**
10	0.66	0.07	0.13	**0.99**	0.02	0.03	0.78	0.09	0.17	0.37	0.15	0.22	0.80	**0.29**	**0.42**
11	0.27	0.14	0.16	**0.92**	0.02	0.03	0.61	0.14	0.23	0.04	0.13	0.07	0.46	**0.41**	**0.44**
12	0.60	0.07	0.13	**0.98**	0.02	0.03	0.83	0.10	0.18	0.13	0.17	0.15	0.40	**0.41**	**0.40**
13	0.15	0.26	0.19	**0.91**	0.06	0.10	0.25	0.22	0.24	0.15	**0.38**	0.21	0.34	0.34	**0.34**
Average	0.44	0.13	0.18	**0.90**	0.04	0.06	0.61	0.18	0.26	0.22	0.25	0.22	0.43	**0.42**	**0.41**

可见，本书提出的方法所得到的 F_1 值相比于基线方法最高提高了 24% ~ 53%，所得到的 R 和 F_1 整体都比基线方法有明显提升。

从数据中可见，FT_T 因为仅仅利用文本轨迹进行实践的挖掘使得效果并不理想，尤其是查全率很低，仅有 0.13，这是因为网络视频中文本信息相比于传统文档非常少，并且伴随大量噪声。从中可以看出，仅仅使用文本信息并不能让事件的挖掘得到很好的效果。

CC_V 使用视觉信息即视频的关键帧进行相似性检测从而进行事件的挖掘，由数据可见，其查准率很高，但查全率极低，因为利用视觉相似性检测只能检测到同一事件中极其相似的视觉场景形成的关键帧，然而一个事件通常是由很多场景组成，并且即使是同一个场景也存在不同的视角，这就导致有很多同一事件的关键帧并没有被检测到，而仅仅只有同一场景下视觉非常近似的关键帧才能被聚类到一起，所以其查准率高，但查全率却因为无法建立其不同场景下的关键帧之间的联系导致不同场景的关键帧全部被遗漏而变得很低。

$T+V$ 联合视觉近似关键帧的特征轨迹和文本的共同发生特征进行网络视频事件挖掘，可见其查全率相比 FT_T 和 CC_V 都有小幅度提升，但并不明显，并且由于查准率的降低使得 F_1 值只有 0.26，所以整体效果虽有提升但不够理想。原因是虽然其用文本信息的共同发生来弥补视觉信息之间无法建立联系的缺陷，但由于文本信息噪声较多，因此在建立视觉信息关联的同时也使得其丢失了频率较低的文本和视觉信息。

MCA 方法试图利用文本在视觉近似关键帧中的特征分布来建立文本和视觉之间的关系。因为其不仅使用了高频词的共现作为特征，还考虑了低频词。在一定程度上减少了语义损失的同时，不可避免地引入了噪声。虽然召回率比前三次有所提高，但由于噪声造成视觉信息丢失，导致查准率大大降低，整体效果不佳。因此，可提出一种新的解决方案来丰富所有 NDK 的文本信息，避免由于文化差异、个人理解等原因造成的术语稀疏问题，不仅可以提高文本信息的丰富性，而且可以利用丰富的信息提高事件挖掘的有效性。

从表 5-13 可以明显看出，与其他方法相比，本书提出的方法取得了更好的结果。在 Recall 和 F_1 上取得了最好的结果。也就是说，改进的回调值增加了 F_1 值。此外，P 值也有一定程度的提高。可直观地看到，CC_V 的 P 重复值最高，说明了该方法验证的视觉信息的准确性。同时，CC_V 的最低召回值也证明了文本信息的重要性。换言之，视觉信息和文本信息具有很强的互补性。该方法通过 NTN 和 NVN 语义路径模式获取更多的视觉信息，帮助发现具有更多视觉场景的相关 NDK，并在一定程度上提高 R 值。此外，还可以通过 TNT、TNVNT 等包含视觉信息的语义路径模式来间接挖掘文本信息，从而发现视觉相关 NDK 中缺失的语义信息，使得 NDK 中术语的分布更加准确，在一定程度上提高了 P 值。同时，更准确、更丰富的文本信息也可以提高事件挖掘的健壮性，有助于整体提升 F_1 值。最佳 F_1 值达到 0.56，表明改进稀疏文本信息的重要性。综上所述，通过实验可以发现，本书提出的方法能够捕捉到更多跨媒体的间接视觉和文本关联信息。丰富的关联性有助于解决 NDK 中术语的稀疏性问题，总体上取得了比其他方法更好的结果。

第四节　本 章 小 结

面对海量的视频，挖掘多种媒体数据之间的关联来发现重大事件是一项艰巨的任务。将文本信息和视觉信息相结合的方法在事件挖掘中被证明是有效的。然而，由于视频拍摄角度、光照和人工编辑等因素的影响，视觉相似性检测会丢失视觉信息。同时，同一事件或视频的个体描述因人而异，使得文字信息充满噪音。现有的研究更多地关注单一媒体之间的间接关联或跨媒体之间的直接关联来解决稀疏文本分布问题。因此本书尝试从不同的语义角度挖掘跨媒体之间的间接信息，提出的多语义路径嵌入策略丰富了文本与 NDK 之间的相关信息。本章通过实验表明事件挖掘的性能得到了显著的提高。

第六章　结论与展望

第一节　主要研究成果

一、基于图像内容深度理解的跨媒体热点话题检测与跟踪研究

为了利用图像信息结合短文本来提高话题检测的性能，本书提出了一种新的四阶段框架。首先是数据预处理。其次利用深度学习通过图像理解来丰富短文本信息。再次使用改进的潜在 Dirichlet 分配算法对图像有效词对进行优化，用以提高主题词提取的准确性。最后结合文本和图像进行话题检测，采用基于主题词的模糊匹配挖掘出相应的主题。本书在传统的话题检索模型中融入了图像内容，用图像自动标注技术理解图像语义信息，增强短文本语义空间，有效缓解短文本信息量少、噪声大的问题。

二、基于不准确视觉相似性检测信息和稀疏文本信息的网络视频事件挖掘协同优化框架

为解决不准确的视觉相似性检测信息和稀疏文本信息问题，本书提出一种协同优化的基于网络视频的事件挖掘框架，将视觉信息的高层语义相关性和同一话题下文本描述的丰富性相结合，对事件进行挖掘。该框架不仅有效地解决了制约底层视觉特征准确性的视觉奇异性问题，而且大大提高了文本分布特征的影响力和效果。

针对视频编辑、光照、拍摄角度等因素影响视觉相似度检测不准确的问题，本书提出了一种新的视觉相似度检测方法。该方法利用 NDK 之间的高层语义关系，对视觉表现形式多样的 NDK 进行聚类，形成一个新的 NDK 集。每个新形成的 NDK 集在各种视觉表示中都有相同的话题。该方法拓宽了视觉

相似性检测的范围，可以将更多视觉形式不同、话题相同的关键帧集合在一起。

三、基于跨媒体多语义路径嵌入的关联丰富的网络视频事件挖掘

本书首次尝试从不同的语义角度挖掘跨媒体之间的间接信息，提出的多语义路径嵌入策略丰富了文本与 NDK 之间的相关信息。它一般可分为三个步骤：构建 CMSN、多语义路径随机游走和嵌入预测。该策略有效地解决了视觉相似性检测和文本信息稀疏的挑战。实验结果表明，事件挖掘的性能得到了显著的提高。

第二节　未来展望

一、语音识别

从广义上讲，语音识别可以根据任务[138]分为四个方向：说话者识别、关键词检测、语言识别和语音识别。说话者识别技术是通过语音区分说话者，从而执行身份认证的技术。关键词检测技术在某些有特定要求的场合中使用，并且仅关注包含特定单词的句子，例如对某些人和地名的电话监控。语言识别技术是一种分析和处理语音段以识别其所属语言的技术。它本质上是语音识别技术的一种。人们通常所说的语音识别是一种使用语音内容作为识别对象的技术。

随着通信技术的发展，语言不再是"不经口说"的短暂时刻，它不仅可以保留，而且可以无限期地传递。随着各种传输设备和存储设备的发展，我们的日常生活充斥着大量的语音信息。手机、微信、QQ 等各种聊天工具已成为我们日常社交生活中不可或缺的一部分。这些工具虽然可以帮助人们享受便捷的通信，但某些罪犯也将其当作实现工具，用于非法和犯罪活动。因此，各种语音信息的处理已经成为公安工作中非常重要的部分，并且越来越多的语音信息需要被识别和处理。传统的手动处理方法需要大量的人力和时间，并且无法处理大量的数据资源。另外，传统的处理方法无法进行全面的搜索以深入挖掘历史语音数据，这容易遗漏重要的信息和线索。在很大程度上，它限制了工作的有效和有序发展。未来语音识别可以考虑往以下方面发展：

(一) 提高语音识别可靠性

语音信号将受到上下文和更改的影响。说话者和口音的差异会导致语音特征在参数空间中的分布不同；同一说话人的心理和生理变化将导致语音变化，以及由于不同的发音方法和习惯，连续的和其他可变的语音现象而导致的遗漏；语音信号失真是由环境和信道等因素引起的。语音识别中需要考虑和处理的许多可变因素使得语音识别变得很困难，这在人脑看来并不容易，在机器前也很难做到。

(二) 丰富词汇量

可以说，语音识别系统可以识别的词汇量决定了系统可以在很大程度上完成事情的程度。如果系统配置的声学模型和语音模型更具限制性，则当用户引用的词汇不在系统的存储范围内时，或者有时突然从英语切换为中文、俄语、韩语、日语等，系统很可能会有输入混乱。因此，随着系统建模方法的不断创新，各种搜索计算方法效率的逐步提高以及硬件资源的逐步发展，语音智能识别系统很可能实现词汇量的无限化和多种语言的融合。将来，即使用户使用多种语言，系统也可以准确识别它们。

(三) 降低成本，减小体积

在确保质量的同时，将其成本降至最低是实现技术商业化发展的关键，并且通常通过批量生产来实现。然而，对于语音智能识别技术，在降低其成本方面仍然存在更大的困难。因为对于具有更高功能和性能要求的应用程序，它们通常被标记为"量身定制"。如果要规模生产，条件不是很成熟。只有那些对功能和性能要求不高的语音识别应用程序才有可能大规模生产一些低成本产品，而这些大型产品在实际应用中可能会受到功能和性能的限制[139]。另外，小型化也将是未来语音智能识别技术商业化的重要手段。而且它与技术本身的发展以及微电子芯片技术的发展密切相关。因此，使用该系统在较小的模块或芯片上巩固具有先进性能和完善功能的语音识别技术以最小化成本，已成为未来语音智能识别技术真正广泛应用的关键[130]。

二、情感分析

计算机对从传感器采集来的信号进行分析和处理，从而得出对方(人)所处的情感状态，这种行为叫作情感识别。从生理心理学的观点来看，情绪是有机体的一种复合状态，既涉及体验又涉及生理反应，还包含行为，其组成至少包括情绪体验、情绪表现和情绪生理三种因素。目前对于情感识别有两种方式，一种是检测生理信号如呼吸、心律和体温等，另一种是检测情感行为如面部特征表情识别、语音情感识别和姿态识别。"情感识别"，并不是说计算机能直接识别或测量情感状态，应该解释为"通过观察表情、行为和情感产生的前提环境来推断情感状态"。因为情感状态是内在的并包含生理和心理的变化，这样只能获得情感状态的一些可观测的东西，如表情、行为等。假设这些东西的观测可靠的话，那么潜在的情感状态就可以推断出来。只有将情感识别看作一种模式识别问题、情感表达看作模式合成问题，计算机进行情感交流才具有可行性。

情感计算的概念是在1997年由MIT媒体实验室的Picard教授提出，她指出情感计算是与情感相关，来源于情感或能够对情感施加影响的计算。中国科学院自动化研究所的胡包刚等人也通过自己的研究提出了对情感计算的定义："情感计算的目的是通过赋予计算机识别、理解、表达和适应人的情感的能力来建立和谐人机环境，并使计算机具有更高的、全面的智能。"

情绪在日常生活中扮演着重要的角色。人们的感觉可能会影响到人们生活的每个方面，如购买决策或股票市场价格预测。先前的研究已经表明可以使用网络文本或图像数据成功的情绪预测，来给用户推荐商品信息。声音是最快的最自然的交流方式，它可以更加生动和有效地表达人们的情绪。过去的10年中，许多领域出现了语音相关的情感识别研究，例如，提高讲话识别系统的性能用来增强语音通信应用的用户友好性。如今，智能手机语音有了空前增多的对话应用程序（例如搜狗语音助手），人们可以向朋友或陌生人分享声音信息，而且对语音助手的请求很容易。通过分析这些信息源可以更好帮助政府对群众的情感状态进行预测从而更好地为人民服务。随着移动社交网络和虚拟社区中多种媒体形式的出现，图像、语音等都逐渐被用户拿来表达自己的情感，以前人们仅仅利用文本消息来表达自己的情感。图像是一种表达自己情感的方式。例如，人们利用彩色图像来表达他们的幸福，而悲观的图像被用来表达他们的悲伤。近年来随着在线社交网络的快速发展，例如在Flickr上越来越多的人喜欢分享他们的心情或者活动，并且使用这些平台分享日常情感体验。有统计表明，在Flickr上40%以上的图像被明确标注为积极，例如开心、幸福、快乐；或者消极情绪，例如伤心、沉重、难过。研究这些标注对在线社交网站用户的情绪影响可以帮助很多应用程序实现收益，如图像检索和旅游路线的个性化推荐等。

情感分析或观点挖掘是对人们对产品、服务、组织、个人、问题、事件、话题及其属性的观点、情绪、评价和态度的计算研究。该领域的开始和快速发展与社交媒体的发展相一致，如评论、论坛、博客、微博、推特和社交网络，因为这是人类历史上第一次拥有如此海量的以数字形式记录的观点数据。早在 2000 年，情感分析就成为 NLP 中最活跃的研究领域之一。它在数据挖掘、网络挖掘、文本挖掘和信息检索方面得到了广泛的研究。实际上，因其对商业和社会的整体重要性，它已经从计算机科学扩展到管理学和社会学，如营销、金融、政治学、传播学、健康科学，甚至历史学。这种发展原因在于观点是几乎所有人类活动的核心，是人类行为的重要影响因素。我们的信念、对现实的感知，以及我们所做的决策在很大程度上依赖于别人看到和评价世界的方式。因此，我们在做决策的时候，通常会寻求别人的意见。不只是个人，组织也是如此。现有研究已经产生了可用于情感分析多项任务的大量技术，包括监督和无监督方法。在监督方法中，早期论文使用所有监督机器学习方法(如支持向量机、最大熵、朴素贝叶斯等)和特征组合。无监督方法包括使用情感词典、语法分析和句法模式的不同方法。现有多本综述图书和论文，广泛地涵盖了早期的方法和应用。大约 10 年前，深度学习成为强大的机器学习技术，在很多应用领域产生了当前最优的结果，包括计算机视觉、语音识别、NLP 等。近期将深度学习应用到情感分析中也逐渐变得流行。未来情感分析可以多关注以下几个方面：

(一) 主观性和语气

主观和客观文本的检测与分析其语气一样重要。事实上，所谓的客观文本不包含明确的情绪。比如说，打算分析以下两个文本的情绪："包很好""包裹是红色的"。

大多数人会说第一个情绪是积极的，第二个情绪是中性的。所有谓词(形容词、动词和某些名词)在创造情绪方面不应该被视为相同。在上面的例子中，好比红色更主观。

(二) 语境和极性

所有的话语都会在某个时间点发出，在某些地方对某些人说。所有的话语都是在上下文中说出来的。分析没有上下文的情感非常困难。但是，如果未明确提及，机器无法了解上下文。上下文产生的问题之一是极性的变化。

请查看以下对调查的回复："它的一切。""绝对没有!"

想象一下上面的回应来自某个问题"你对这次活动有什么看法?"的答案。第一个反应是积极的,第二个反应是否定的,对吗? 现在,想象一下另一个问题"你对这个事件不喜欢什么?"问题的否定将使情感分析完全改变。

如果我们要考虑产生文本的部分背景,就需要进行大量的预处理或后处理。但是,如何预处理或后处理数据以捕获有助于分析情感的上下文位并不简单。

(三)反讽和讽刺

字面意思和预期意思(讽刺)之间的差异以及更具侮辱性或讽刺性通常会将积极情绪转变为消极情绪,而消极情绪或中性情绪可能会改为正面情绪。然而,检测讽刺需要对文本产生的背景进行大量分析,因此很难自动检测。

例如,对于问题"您是否有过良好的客户体验"?

"是啊,当然。""不是一个,而是很多!"

上面的回答分别是什么情感? 可能你已经多次听过第一个回复,你会说是消极的。问题是没有任何文字提示会使机器学习负面情绪,因为大多数情况下,"是的",肯定属于正面或中性文本。第二个回应在这种情况下,情绪是积极的,但存在提出许多不同的背景,其中相同的反应可以表达负面情绪。

(四)比较

如何处理情绪分析中的"比较"是另一个挑战。看看下面的文字:

"这款产品首屈一指。""这比旧工具更好。""这总比没有好。"

有一些比较,如上面的第一个,不需要任何上下文线索,可以被正确分类。

不过,第二和第三个文本更难被分类。你会把它们归类为中性还是积极的? 也许你更有可能为第二个选择正面而第三个选择中立。上下文可以再次发挥作用。例如,如果第二个文本所讨论的旧工具在上下文中被认为是无用的,那么第二个文本与第三个文本非常相似。但是如果没有提供上下文,这些文本会有所不同。

(五)表情符号

根据 Guibon 等人的研究有两种类型的表情符号。西方表情符号仅编码为一个字符或其中几个字符的组合而东方表情符号。特别是在推文中,表情符号在文本的情感中非常重要。通过推文进行的情感分析需要特别注意字符级别和单词级别。但是，这两种都可能需要进行大量的预处理。例如，我们可能希望预处理社交媒体内容并将西方和东方表情符号转换为 tokens 且将其列入白名单(始终将其作为分类用途的特征)，以帮助改善情绪分析性能。

三、人脸识别

人脸识别是使用一系列电子设备，包括但不限于计算机，结合人的脸部特征表现的信息进行个人身份识别的技术，是同属于人工智能和生物特征识别两个领域的重要技术。常常会先用相机等设备进行相应的人脸图像或视频采集，之后在所获得的图像或视频中自动地对人脸进行检测识别，还可进行跟踪，所以也叫作面部识别。也有另一种说法，人脸识别把获得的静态和视频图像中人脸特征和数据库已有人脸信息进行对比匹配，找出达到一定相似程度的人脸完成个人或群体身份识别鉴定。

一般而言，一个完整的人脸识别系统包含四个主要组成部分以及相应的衍生技术，主要组成部分即人脸检测、人脸对齐、人脸特征提取以及人脸识别，衍生技术即人脸属性识别、人脸比对、人脸检索等。

(一) 人脸识别主要组成部分

操作流程如下：

(1)人脸检测，在图像中找到人脸的位置。

(2)人脸对齐，找到人脸上眼睛、鼻子等器官的位置。

(3)人脸特征提取，将人脸图像信息抽象为字符串信息。

(4)人脸识别，把目标人脸图像和已有人脸信息进行对比。

人脸识别的一般流程见图 6-1。

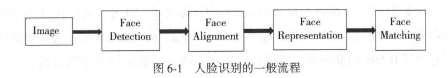

图 6-1　人脸识别的一般流程

1. 人脸检测

人脸检测技术是检测出图像中人脸所在位置的技术，相关算法的输入是一张图片，输出人脸坐标系列，通常坐标框是正朝向的正方形，但也有些算法是矩形或有旋转矩形。算法过程为在图像中扫描并判别是否为人脸，故计算速度会和图像尺寸、内容相关，可以设定一些限制来加快速度。

2. 人脸对齐

输入人脸图像后自动定位出人脸器官关键点坐标，人脸对齐输入是人脸图像和人脸坐标框，对图像进行特征点定位后用仿射变换矫正之前得到的人脸特征点，之后送入人脸识别分类网络，提取网络中某层作为人脸特征层，此时特征即为人脸特征，从而输出五官关键点坐标。

3. 人脸特征提取

输入人脸图像转化为固定长的数值，以表征人脸特点，再加上人脸五官关键点坐标，得到人脸特征数值。早期的模型都很大且速度慢，仅用于服务端服务，但是到深度学习方法大火后，一些最新研究可以在基本保证算法效果情况下把模型大小和运算速度优化到移动端使用。

4. 人脸识别

输入人脸特征数值，通过已经在数据库中的身份对应特征进行逐个匹配并比对，找到相似度最高的特征值，和预设阈值比对来决定是否返回对应特征的身份。

现在大火的深度学习方法[140][141]实现人脸识别已成为主流。基于深度学习的人脸识别算法对人脸识别问题更为深刻从而将识别精度提高到一个新台阶，例如 CNN[142]（卷积神经网络）。

人脸识别中每个人都可以看成一类，通常想法是用分类算法做，但对于不同分类，人脸数据集总体类别过多而单人数据并不多，所以测试时大多会有训练集中不存在的样本。通用方法是把人脸任务看作距离度量，通过学习大量样本特征后计算向量距离来确定人物身份。

例如在 LFW 上准确率很高的 face++[143]搜集了 500 万张人脸图片用于训练深度 CNN 模型。具体来说，模型的 Megvii Face Recognition System 经过训练后达到了 0.995 的准确率，即使是真实场景测试的假阳性率也非常低。除了 face++，DeepFace[144]通过额外 3d 模型改进人脸对齐方法（如图 6-2 所示），之后用基于 400 万张人脸图像训练的 9 层人工神经网络进行人脸特征表达，在 LFW[145]数据集上准确率为 0.9735。FaceNet[146]基于 CNN 用百万级训练数据及 triplet loss（如图 6-3）将人脸图像映射到欧几里得空间，用空间距离表征相似度，在 LFW 数据集上准确率为 0.9963，在 YouTube Faces DB 上 0.9512。

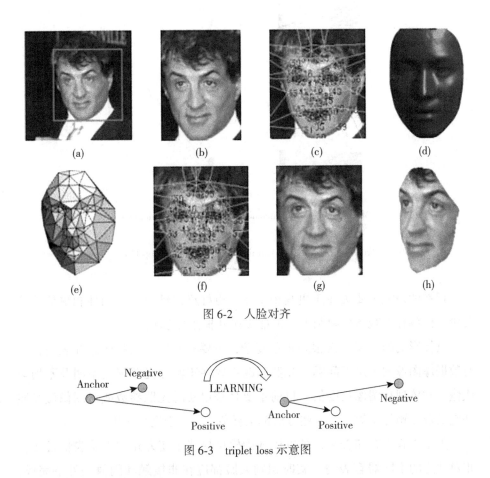

图 6-2　人脸对齐

图 6-3　triplet loss 示意图

　　前面的方法虽然在 LFW 和 YouTube Faces DB 上看似准确率很高，但都有各自不足，而百度提出了两步学习方法来实现脸部特征提取和识别，结合 deep metric learning 和 mutil-patch deep CNN(如图 6-4 所示)，训练 120 万个数据，达到在 LFW 上 0.9977 的准确率。利用此 API 的人脸识别开发，功能性强大，能快速实现识别或者人脸比对，可一对一或一对多辨认或检索。另外，它也有很高的后期可操作性，开发者可利用返回的位置信息，在其中各关键点位置坐标等数据上添加自己设定的内容，它的灵活性强但难度也相应大些。

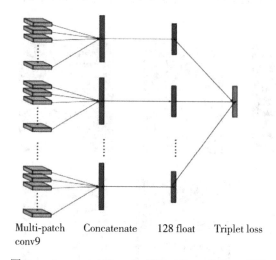

Multi-patch Concatenate 128 float Triplet loss
conv9

图 6-4 deep metric learning 和 mutil-patch deep CNN

现在的研究主要关注于更高识别率、更好稳定性以及实用性和更低计算代价。但各种客观条件限制下，很难找到可兼容的方法。

具体影响的客观因素很多也很复杂，主要有光照、人脸姿态和表情，还有数据库图像的不足等问题。光照问题主要在于实际光照强度不明及不均匀成像，常体现在图像灰度值。目前主要是获得实时光照参数或对图像做光照补偿及灰度预处理等，但这些方法都很复杂，不适于批量应用。

关于人脸姿态和表情，难以用准确模型描述千变万化的人脸表情且变化相对独立的不同器官表情。实时识别人脸都应在非接触和阈值条件下完成，但此时的被检测人脸姿势和表情变化多样且难以预测，给人脸识别带来很大挑战。具体来说，人的头部姿势等的变化导致许多关键信息无法检测。通常针对此类问题的方法有姿态补偿和表情估计等。

数据库人脸图像不足是一个客观的限制人脸识别技术发展的因素，要识别出实时人脸就需要在数据库中有此人的人脸信息，而现实中难以把每个人的人脸信息都入库，即使是目前科研界最通用的人脸识别库的人脸信息也同样有限，要大规模实用还有难度。

面对未来的大数据情景，尤其是公检法领域引入大数据后可利用人脸识别技术协助解决大量个人照片信息的管理和利用，未来有很好的发展前景。

　　总之，对于未来的应用市场，AI、大数据、云计算、5G 等高技术发展给人脸识别不论是技术还是市场都带来更肥沃的发展土壤。国家也多次在政府工作报告中提及人脸识别，国家间产业布局早已开始，技术方面有更好的研究环境，市场方面也有更多投资机会。

参 考 文 献

［1］Shi C，Hu B，Zhao X，et al. Heterogeneous information network embedding for recommendation［J］. IEEE Transactions on Knowledge & Data Engineering，2017：1-1.

［2］Chenguang W，Yangqiu S，Haoran L，et al. Unsupervised meta-path selection for text similarity measure based on heterogeneous information networks［J］. Data Mining and Knowledge Discovery，2018(32)：1735-1767.

［3］Marcus G. Deep learning：a critical appraisal［J］. ArXiv，2018.

［4］王维，沙元飞. 5G 时代短视频发展前景初探［J］. 新媒体研究，2018，4(17)：118-119.

［5］姚艳玲. WWW 网络信息资源检索工具——搜索引擎［J］. 现代情报，2003，23(9)：106-107.

［6］刘烁. 大数据环境下传统媒体与新媒体的融合与发展［J］. 中国传媒科技，2018(6)：31-32.

［7］马辉. 大数据助力制造业转型升级［J］. 中国统计，2018(12)：11-13.

［8］谢克武. 大数据环境下基于 python 的网络爬虫技术［J］. 电子制作，2017(9)：44-45.

［9］Dongmin，Seo，Hanmin，et al. Intelligent web crawler for supporting big data analysis services［J］. Journal of the Korea Contents Association，2013，13(12)：575-584.

［10］沈寿忠. 基于网络爬虫的 SQL 注入与 XSS 漏洞挖掘［D］. 西安电子科技大学，2009.

［11］彭智鑫. 基于 Python 的深度网络爬虫的设计与实现［J］. 信息记录材料，2018，19(8)：140-141.

［12］朱丽英，吴锦晶. 基于自动化测试的定向网络爬虫的设计与实现［J］. 微

型电脑应用，2019，35(10)：3.

[13]Kumar M，Bhatia R，Rattan D. A survey of web crawlers for information retrieval[J]. Wiley Interdisciplinary Reviews：Data Mining and Knowledge Discovery，2017，7(6)：e1218.

[14]李培. 基于 Python 的网络爬虫与反爬虫技术研究[J]. 计算机与数字工程，2019，47(6)：7.

[15]Shi H，Mao J，Xiao T，et al. Learning visually-grounded semantics from contrastive adversarial samples[C]. 2018.

[16]Szegedy C，Liu W，Jia Y，et al. Going deeper with convolutions[J]. IEEE Computer Society，2014.

[17]Liu Z，Yu W，Wei C，et al. Short text feature selection for micro-blog mining [C]// International Conference on Computational Intelligence & Software Engineering. IEEE，2010.

[18]Salton G. A vector space model for automatic indexing[J]. Communications of the ACM，1975，18(11)：613-620.

[19]Hofmann T. Probabilistic latent semantic indexing[J]. Sigir，1999.

[20]Ramage D，Hall D，Nallapati R M，et al. Labeled LDA：a supervised topic model for credit attribution in multi-labeled corpora[C]// Proceedings of the 2009 Conference on Empirical Methods in Natural Language Processing，2009.

[21]Blei D M，Ng A Y，Jordan M I. Latent dirichlet allocation[J]. The Annals of Applied Statistics，2001.

[22]Wagner R A，Lowrance R. An Extension of the string-to-string correction problem[J]. Journal of the Acm，1975，22(2)：177-183.

[23]尹宝才，王文通，王立春. 深度学习研究综述[J]. 北京工业大学学报，2015，41(1)：48-59.

[24]Rumelhart D E，Hinton G E，Williams R J. Learning representations by back-propagating errors[J]. Nature，1988.

[25]Hinton G E，Osindero S，Teh Y W. A fast learning algorithm for deep belief nets[J]. Neural Computation，2006，18(7)：1527-1554.

[26]付文博，孙涛，梁藉，等. 深度学习原理及应用综述[J]. 计算机科学，2018，45(B06)：11-15.

［27］Itti L. A model of saliency-based visual attention for rapid scene analysis［J］. IEEE Trans, 1998, 20(11)：1254-1259.

［28］Mnih V, Heess N, Graves A, et al. Recurrent models of visual attention［J］. Advances in Neural Information Processing Systems, 2014, 3.

［29］石磊, 王毅, 成颖, 等. 自然语言处理中的注意力机制研究综述［J］. 数据分析与知识发现, 2020, 4(5)：5-18.

［30］Bahdanau D, Cho K, Bengio Y. Neural machine translation by jointly learning to align and translate［J］. Computer Science, 2014.

［31］Vaswani A, Shazeer N, Parmar N, et al. Attention is all you need［C］// arXiv, 2017.

［32］张炯衍. 推荐系统中的注意力机制应用研究［D］. 华南理工大学, 2019.

［33］Xu K, Ba J, Kiros R, et al. Show, attend and tell：neural image caption generation with visual attention［J］. Computer Science, 2015：2048-2057.

［34］Chan W, Jaitly N, Le Q, et al. Listen, attend and spell：a neural network for large vocabulary conversational speech recognition ［C］// 2016 IEEE International Conference on Acoustics, Speech and Signal Processing (ICASSP). IEEE, 2016.

［35］Wang W, Pan S, Dahlmeier D, et al. Coupled multi-layer attentions for co-extraction of aspect and opinion terms. 2017.

［36］赵世朋. 图像分类与图像转换中的注意力模型研究［D］. 河北大学, 2020.

［37］Koren Y, Bell R, Volinsky C. Matrix factorization techniques for recommender systems［J］. Computer, 2009, 42(8)：30-37.

［38］Jie T, Jing Z, Yao L, et al. ArnetMiner：extraction and mining of academic social networks ［C］// Proceedings of the ACM SIGKDD International Conference on Knowledge Discovery and Data Mining. ACM, 2008.

［39］Cao S. Deep neural networks for learning graph representations［C］// Thirtieth Aaai Conference on Artificial Intelligence. AAAI Press, 2016.

［40］Wang D, Peng C, Zhu W. Structural deep network embedding［C］// Acm Sigkdd International Conference on Knowledge Discovery & Data Mining. ACM, 2016.

［41］Sun Y，Han J，Zhao P，et al. RankClus：integrating clustering with ranking for heterogeneous information network analysis［C］// EDBT 2009，12th International Conference on Extending Database Technology，2009.

［42］Jeh G，Widom J. SimRank：a measure of structural-context similarity［C］. ACM，2002.

［43］Sun Y，Han J，Yan X，et al. PathSim：meta path-based top-k similarity search in heterogeneous information networks［J］. Proceedings of the Vldb Endowment，2011，4(11)：992-1003.

［44］欧华杰．大数据背景下机器学习算法的综述［J］.中国信息化，2019(4)：50-51.

［45］Bengio Y. Learning deep architectures for AI［M］. Now Publishers Inc. 2009.

［46］陶雨雨．决策树及神经网络算法在股票分类预测中的应用［D］.杭州电子科技大学，2013.

［47］周志华．机器学习［J］.中国民商，2016，3(21)：93.

［48］曹正凤．随机森林算法优化研究［D］.首都经济贸易大学，2014.

［49］贺捷．随机森林在文本分类中的应用［D］.华南理工大学，2015.

［50］李航．统计学习方法［M］.清华大学出版社，2012.

［51］徐淑萍．基于支持向量机的图像分割研究综述［D］.辽宁科技大学，2008.

［52］邹洋．基于逻辑回归模型的保险业数字化变革研究［J］.中国商论，2020(14)：2.

［53］代成雷．基于逻辑回归的在线广告 CTR 优化和预测［D］.浙江大学，2016.

［54］Xu X，Yuruk N，Feng Z，et al. SCAN：a structural clustering algorithm for networks［C］// ACM. ACM，2007：824-833.

［55］Lichtenwalter R N，Lussier J T，Chawla N V. New perspectives and methods in link prediction［C］// Proceedings of the 16th ACM SIGKDD International Conference on Knowledge Discovery and Data Mining，Washington，DC，USA，July 25-28，2010. ACM，2010.

［56］Pujari M，Kanawati R. Link prediction in complex networks by supervised rank aggregation［C］//Proceedings of the 2012 IEEE 24th International

Conference on Tools with Artificial Intelligence, 2012.

[57] Chen T, Tang L A, Sun Y, et al. Entity embedding-based anomaly detection for heterogeneous categorical events [C]// Twenty-fifth International Joint Conference on Artificial Intelligence. AAAI Press, 2016.

[58] Chenguang W, Yangqiu S, Haoran L, et al. Unsupervised meta-path selection for text similarity measure based on heterogeneous information networks [J]. Data Mining and Knowledge Discovery, 2018, 32: 1735-1767.

[59] Rw A, Xiao M A, Chi J A, et al. Heterogeneous information network-based music recommendation system in mobile networks [J]. Computer Communications, 2020, 150: 429-437.

[60] Shi C, Zhang Z, Luo P, et al. Semantic path based personalized recommendation on weighted heterogeneous information networks [C]// Acm International on Conference on Information & Knowledge Management. ACM, 2015.

[61] Zhao H, Yao Q, Li J, et al. Meta-graph based recommendation fusion over heterogeneous information networks [C]//KDD, 2017.

[62] Meng X, Shi C, Li Y, et al. Relevance measure in large-scale heterogeneous networks [J]. Springer International Publishing, 2014.

[63] Dong Y, Chawla N V, Swami A. Metapath2vec: scalable representation learning for heterogeneous networks [C]. ACM, 2017.

[64] Fu T Y, Lee W C, Zhen L. HIN2Vec: explore meta-paths in heterogeneous information networks for representation learning [C]//ACM, 2017.

[65] Wang X, Ji H, Shi C, et al. Heterogeneous graph attention network [J]. 2019.

[66] Tang J, Qu M, Mei Q. PTE: predictive text embedding through large-scale heterogeneous text networks [J]. ACM, 2015.

[67] Lecun Y, Bottou L. Gradient-based learning applied to document recognition [J]. Proceedings of the IEEE, 1998, 86(11): 2278-2324.

[68] 林永民, 朱卫东. 模糊 kNN 在文本分类中的应用研究 [J]. 计算机应用与软件, 2008, 25(9): 191-193.

[69] Joachims T. Text categorization with Support Vector Machines: Learning with many relevant features [C]// Proc. Conference on Machine Learning, 1998.

［70］李静，杨宜民，张学习．一种改进的 MLESAC 基本矩阵估计算法［J］．计算机工程，2012，38(19)：214-217.

［71］Xinke X U，Yang J，Wang C，et al. Research on fast mosaic algorithm based on video image［J］. Journal of Changchun University of Science and Technology (Natural Science Edition)，2011，34：104-106.

［72］Ungerleider，Sabine K G. Mechanisms of visual attention in the human cortex.［J］. Annual Review of Neuroscience，2003，23(1)：315-341.

［73］Adam Kosiorek. 神经网络中的注意力机制［J］. 机器人产业，2017(6)：12-17.

［74］龚玉婷．基于注意力机制与深度学习网络的群组行为识别方法研究［D］. 青岛科技大学，2019.

［75］卢艳．基于神经网络与注意力机制结合的语音情感识别研究［D］. 北京邮电大学，2019.

［76］王洪阳．自注意力机制在语义理解和情感分析中的研究及应用［D］. 电子科技大学，2020.

［77］Lin Z，Feng M，Santos C，et al. A structured self-attentive sentence embedding［J］. ArXiv，2017.

［78］Chen X，Wang T，Zhu Y，et al. Adaptive embedding gate for attention-based scene text recognition［J］. Neurocomputing，2019.

［79］白翔，杨明锟，石葆光，等．基于深度学习的场景文字检测与识别［J］. 中国科学：信息科学，2018，48(5)：531-544.

［80］Wang Q，Huang Y，Jia W，et al. FACLSTM：convLSTM with focused attention for scene text recognition［J］. 中国科学：信息科学(英文版)，2020.

［81］Wojna Z，Gorban A N，Lee D S，et al. Attention-based extraction of structured information from street view imagery［C］//IEEE Computer Society. IEEE Computer Society，2017：844-850.

［82］徐诚皓．基于图片描述生成的信息检索技术及系统［D］. 苏州大学，2018.

［83］房超．基于图像高级语义与 Attention 融合的图像描述方法研究［D］. 辽宁大学，2018.

［84］Guo J，Nie X，Ma Y，et al. Attention based consistent semantic learning for micro-video scene recognition［J］. Information Sciences，2020，543.

［85］袁韶祖，王雷全，吴春雷. 基于多粒度视频信息和注意力机制的视频场景识别［J］. 计算机系统应用，2020，29(5)：252-256.

［86］J. Chen，B. Cao，Y. Cao，J. Liu，R. Hu，and Y. Wen. A mobile application classification method with enhanced topic attention mechanism［J］. CCF Conference on Computer Supported Cooperative Work and Social Computing，2019：683-695.

［87］Du J，Gui L，He Y，et al. Convolution-based neural attention with applications to sentiment classification［J］. IEEE Access，2019：27983-27992.

［88］Zhai S，Chang K，Zhang R，et al. DeepIntent：learning attentions for online advertising with recurrent neural networks［C］// the 22nd ACM SIGKDD International Conference. ACM，2016.

［89］Peng D，Yuan W，Liu C. HARSAM：a hybrid model for recommendation supported by self-attention mechanism［J］. IEEE Access，2019：1-1.

［90］Wu J，Cai R，Wang H. Déjà vu：a contextualized temporal attention mechanism for sequential recommendation［J］. 2020.

［91］朱张莉，饶元，吴渊，等. 注意力机制在深度学习中的研究进展［J］. 中文信息学报，2019，33(6)：11.

［92］Peng Y X，Zhu W W，Zhao Y，et al. Cross-media analysis and reasoning：advances and directions［J］. 信息与电子工程前沿：英文版，2017，18(1)：44-57.

［93］Guadarrama S，Krishnamoorthy N，Malkarnenkar G，et al. YouTube2Text：recognizing and describing arbitrary activities using semantic hierarchies and zero-shot recognition［C］// 2013 IEEE International Conference on Computer Vision. IEEE，2014.

［94］Rohrbach M，Qiu W，Titov I，et al. Translating video content to natural language descriptions［C］// 2013 IEEE International Conference on Computer Vision. IEEE，2013.

［95］Bahdanau D，Cho K，Bengio Y. Neural machine translation by jointly learning to align and translate[J]. Computer Science, 2014.

[96] Youjiang, Xu, Yahong, et al. Sequential video VLAD: training the aggregation locally and temporally[J]. IEEE Transactions on Image Processing A Publication of the IEEE Signal Processing Society, 2018.

[97] Venugopalan S, Xu H, Donahue J, et al. Translating videos to natural language using deep recurrent neural networks[J]. Computer Science, 2014.

[98] Ye S, Liu N, Han J. Attentive linear transformation for image captioning[J]. IEEE Transactions on Image Processing, 2018: 1-1.

[99] Zhang J, Peng Y. Hierarchical vision-language alignment for video captioning [C]//International Conference on Multimedia Modeling, 2019.

[100] Zhao B, Li X, Lu X. CAM-RNN: co-attention model based RNN for video captioning[J]. IEEE Transactions on Image Processing, 2019, 28(99): 5552-5565.

[101] Yao L, Torabi A, Cho K, et al. Describing videos by exploiting temporal structure [C]// 2015 IEEE International Conference on Computer Vision (ICCV). IEEE, 2015.

[102] Venugopalan S, Rohrbach M, Donahue J, et al. Sequence to sequence— video to text[C]// 2015 IEEE International Conference on Computer Vision (ICCV). IEEE, 2015.

[103] Pan P, Xu Z, Yi Y, et al. Hierarchical recurrent neural encoder for video representation with application to captioning[C]// Computer Vision & Pattern Recognition. IEEE, 2016.

[104] Zhu L, Xu Z, Yi Y. Bidirectional multirate reconstruction for temporal modeling in videos [C]// 2017 IEEE Conference on Computer Vision and Pattern Recognition (CVPR). IEEE, 2017.

[105] Yang Z, Han Y, Zheng W. Catching the temporal regions-of-interest for Video Captioning[C]//ACM, 2017.

[106] Tu Y, Zhang X, Liu B, et al. Video description with spatial-temporal attention[C]//ACM, 2017: 1014-1022.

[107] Wang H, Xu Y, Han Y. Spotting and aggregating salient regions for video captioning[C]//2018 ACM Multimedia Conference, 2018.

[108]Zhang J, Peng Y. Video captioning with object-aware spatio-temporal correlation and aggregation [J]. IEEE Transactions on Image Processing, 2020, 29(99): 6209-6222.

[109]Chung J, Gulcehre C, Cho K H, et al. Empirical evaluation of gated recurrent neural networks on sequence modeling[J]. Eprint ArXiv, 2014.

[110]Cho K, Merrienboer B V, Bahdanau D, et al. On the properties of neural machine translation: encoder-decoder approaches [J]. Computer Science, 2014.

[111]Huang X, Peng Y, Wen Z. Visual-textual hybrid sequence matching for joint reasoning[J]. IEEE Transactions on Cybernetics, 2020(99): 1-14.

[112]Bowman S R, Gauthier J, Rastogi A, et al. A fast unified model for parsing and sentence understanding[J]. arXiv, 2016.

[113]Bowman S R, Angeli G, Potts C, et al. A large annotated corpus for learning natural language inference[J]. Computer Science, 2015.

[114]Gong Y, Luo H, Zhang J. Natural language inference over interaction space [J]. ArXiv, 2017.

[115]Wang Z, Hamza W, Florian R. Bilateral multi-perspective matching for natural language sentences[C]//Twenty-Sixth International Joint Conference on Artificial Intelligence, 2017.

[116]Simonyan K, Zisserman A. Very deep convolutional networks for large-scale image recognition[J]. Computer Science, 2014.

[117]Peng Y, Huang X, Zhao Y. An overview of cross-media retrieval: concepts, methodologies, benchmarks and challenges [J]. IEEE Transactions on Circuits and Systems for Video Technology, 2017(99).

[118]Zadeh A, Liang P P, Mazumder N, et al. Memory fusion network for multi-view sequential learning[C]// 2018.

[119]Wang Y, Skerry-Ryan R J, Stanton D, et al. Tacotron: towards end-to-end speech synthesis[C]// Interspeech, 2017.

[120]Wang T, Srivatsa M, Agrawal D, et al. Modeling data flow in socio-information networks: a risk estimation approach [C]//Symposium on Sacmat. ACM, 2011.

[121] Leroy V, Cambazoglu B B, Bonchi F. Cold start link prediction[C]//Acm Sigkdd International Conference on Knowledge Discovery & Data Mining. ACM, 2010.

[122] Perozzi B, Al-Rfou R, Skiena S. DeepWalk: online learning of social representations[J]. ACM, 2014.

[123] Mikolov T, Chen K, Corrado G, et al. Efficient estimation of word representations in vector space[J]. Computer Science, 2013.

[124] Jian T, Meng Q, Wang M, et al. LINE: large-scale information network embedding [J]. International World Wide Web Conferences Steering Committee, 2015.

[125] Shi C, Kong X, Yu P S, et al. Relevance search in heterogeneous networks [C]//Extending Database Technology. ACM, 2012.

[126] Huang Z, Mamoulis N. Heterogeneous information network embedding for meta path based proximity[J]. ArXiv, 2017.

[127] Wang H, Zhang F, Hou M, et al. SHINE: signed heterogeneous information network embedding for sentiment link prediction[C]//2017.

[128] Zhang C, Wu X, Shyu M L, et al. Integration of visual temporal information and textual distribution information for news web video event mining[J]. IEEE Transactions on Human-Machine Systems, 2016, 46(1): 124-135.

[129] Zhang C, Liu D, Xiao W, et al. Near-duplicate segments based news web video event mining[J]. Signal Processing, 2015, 120(MAR.): 26-35.

[130] Qi H, Chang K, Lim E P. Analyzing feature trajectories for event detection [C]//SIGIR 2007: Proceedings of the 30th Annual International ACM SIGIR Conference on Research and Development in Information Retrieval, 2007.

[131] Junjie, Yao, Bin, et al. Bursty event detection from collaborative tags[J]. World Wide Web, 2011, 15(2): 171-195.

[132] Wu X, Lu Y J, Peng Q, et al. Mining event structures from web videos[J]. IEEE Multimedia, 2011, 18(1): 38-51.

[133] Zhang C D, Xiao W, Shyu M L, et al. A novel web video event mining framework with the integration of correlation and co-occurrence information [J]. 计算机科学技术学报: 英文版, 2013(5): 788-796.

[134] Zhang C, Jin D, Xiao X, et al. A novel collaborative optimization framework for web video event mining based on the combination of inaccurate visual similarity detection information and sparse textual information [J]. IEEE Access, 2020, 8: 10516-10527.

[135] Grover A, Leskovec J. Node2vec: scalable feature learning for networks[J]. ACM, 2016.

[136] Salakhutdinov R. Probabilistic matrix factorization [M]. Curran Associates Inc., 2007.

[137] 于晓明. 语音识别技术的发展及应用[J]. 计算机时代, 2019.

[138] 张贤达. 现代信号处理. 2 版[M]. 清华大学出版社, 2002.

[139] 殷勤业. 模式识别与神经网络[M]. 机械工业出版社, 1992.

[140] 刘伟鑫. 基于深度神经网络的遮挡人脸识别算法研究[D]. 吉林大学, 2020.

[141] 徐政超. 基于深度学习的人脸识别技术研究[J]. 信息系统工程, 2019 (10): 2.

[142] 徐鹏, 薄华. 基于卷积神经网络的人脸表情识别[J]. 微型机与应用, 2015, 34(12): 3.

[143] Zhou E, Cao Z, Yin Q. Naive-deep face recognition: touching the limit of LFW benchmark or not? [J]. Computer Science, 2015.

[144] Taigman Y, Ming Y, Ranzato M, et al. DeepFace: closing the gap to human-level performance in face verification [C]//IEEE Conference on Computer Vision & Pattern Recognition. IEEE Computer Society, 2014.

[145] Huang G B, Mattar M, Berg T, et al. Labeled faces in the wild: a database for studying face recognition in unconstrained environments [J]. Month, 2008.

[146] Schroff F, Kalenichenko D, Philbin J. FaceNet: a unified embedding for face recognition and clustering[C]// 2015 IEEE Conference on Computer Vision and Pattern Recognition (CVPR). IEEE, 2015.

后　记

感谢 2020 年度武汉市科技局应用基础前沿项目"基于网络短视频的跨媒体智能突发事件挖掘研究(2020010601012183)"对本课题及本专著的支持与赞助,本书是该项目的研究成果。

本人长期从事该领域的研究,做了大量研究和积累,专著中材料主要来源于本人发表的 5 篇 SCI 期刊论文、2 篇 EI 检索论文和 1 篇 CPCI 检索论文。本专著在上一本专著的基础上做了进一步深入研究,上一本专著《跨媒体网络事件检测与跟踪研究》已经获得湖北省社会科学优秀成果二等奖,新书中的部分 SCI 期刊论文已经获得武汉市社会科学优秀成果奖。

5G 技术,将打破传统媒体界限,形成万物皆媒体、一切皆平台的新局面。在云计算、人工智能和大数据等技术与传统媒体的深度融合驱动下,媒体智能化和一体化将成为新趋势。通过媒体深度融合推动信息一体化和智能化发展,是 5G 网络赋予的时代命题。技术革命催动媒体传播技术变革,抓住 5G 战略机遇将重塑国际传播格局,提高中国全球网络空间话语权。

本书主要研究内容包括以下 4 个方面:

(1)基于深度学习的跨媒体热点话题检测与跟踪研究。

(2)多源异构信息融合中的注意力机制研究。

(3)基于异构信息网络的网络视频事件挖掘研究。

(4)多源异构信息融合的跨媒体智能推理研究。

本书具体在以下几个方面提出了新的研究方法或框架,并通过大量实验验证了理论的可行性和实验的有效性:

(1)研究基于图像内容深度理解的跨媒体热点话题检测与跟踪,提出一种新的图像和短文本相融合的热点话题检测框架。

(2)提出一种文本与视觉相结合的新的色情视频检测方法。

(3)提出一种基于异构信息网络嵌入的个性化推荐方法以及一种基于异构

信息网络嵌入的个性化推荐框架。

（4）提出一种基于异构信息的融合为不准确视觉相似性检测信息和稀疏文本信息的 Web 视频事件挖掘协同优化框架。

（5）提出一种基于跨媒体多种语义路径嵌入的关联丰富的网络视频事件挖掘方法，面向事件挖掘的多种语义路径关联丰富问题进行系统分析和梳理解决方法。

本书对该领域所涉及的以下几个方面做了系统梳理和分析：

（1）深度学习。系统梳理深度学习基本概念、深度学习网络和常用模型，在此基础上进行相关视觉智能理解的研究，并提出新的研究方法。

（2）注意力机制。系统分析和梳理常用注意力模型以及自注意力机制，梳理场景文字识别中的注意力、图片描述中注意力机制和视频场景识别中的注意力机制，在此基础上还对应用场景和可能的未来发展情况进行相关分析。

（3）异构信息网络和同构信息网络。系统梳理同构信息网络和异构信息网络代表性算法和模型，并在此基础上提出新的模型和方法解决海量跨媒体信息中的同构和异构信息跨媒体融合问题。

（4）跨媒体智能推理。系统梳理和分析跨媒体智能推理所面临的问题与挑战；从视频字幕、视频-文本和语音识别三个方面梳理跨媒体智能话题检测中的跨媒体智能推理问题及可能用到的技术和面临的挑战。

随着网络技术和智能手机的普及，网络舆情的检测对于网络信息安全和网络舆情监控至关重要，但是网络视频所表达信息的碎片化和文本信息噪声多等问题对于网络舆情监控和引导提出了巨大挑战，单一媒体舆情监控已经难以满足这一要求，多学科交叉融合的跨媒体智能话题检测与跟踪成为新的趋势。

感谢中南财经政法大学，信息与安全工程学院，计算机科学与技术系，数据挖掘与智能媒体实验室的雷雨、刘国英、刘雨宣、杜明悦、金丹丹、金博、康雅致等同学在本书撰写过程中给予的帮助和支持。

感谢我的父母和妻子肖霞，他们总是尊重我的选择，默默地支持我、帮助我，鼓励我，感谢他们一直以来对我的大力支持。尤其是在新冠疫情如此严重的情况下，他们的无私付出和积极鼓励给予了我战胜困难的信心和决心，并使得我能够顺利完成本书。

最后，对所有在此尚未提及，但曾给予我关心和帮助的人们表示诚挚的谢意！

　　尽管作者对本书内容进行了反复修改，但由于水平和时间有限，书中错误和不足之处在所难免，敬请读者提出宝贵意见！